Frida Schottmüller

Wohnungskultur und Möbel der italienischen Renaissance

Verlag
der
Wissenschaften

Frida Schottmüller

Wohnungskultur und Möbel der italienischen Renaissance

ISBN/EAN: 9783957003768

Auflage: 1

Erscheinungsjahr: 2015

Erscheinungsort: Norderstedt, Deutschland

Hergestellt in Europa, USA, Kanada, Australien, Japan
Verlag der Wissenschaften in Hansebooks GmbH, Norderstedt

Cover: Sandro Botticelli "Die Verleumdung des Apelles" (1495)

WOHNUNGSKULTUR UND MÖBEL DER ITALIENISCHEN RENAISSANCE

HERAUSGEGEBEN
VON
FRIDA SCHOTTMÜLLER

MIT 590 ABBILDUNGEN

1921
STUTTGART
VERLAG VON JULIUS HOFFMANN

Giuliano da Sangallo: Sandsteinrelief von einem Kamin

Früher Berlin, Sammlung A. von Beckerath

VORWORT

Aufgabe dieses Buches war, die Wohnungskultur der italienischen Renaissance — Raumkunst und Wesensart der einzelnen Einrichtungsstücke — zur Anschauung zu bringen. Jene war durch Malereien der Epoche und wiederhergestellte Innenräume, diese durch einzelne Möbel und Steinbildwerke am ehesten deutlich zu machen. Die besondere Ausgestaltung der Hausmöbel in den verschiedenen Kunststätten Italiens hat W. von Bode in einem inhaltreichen, kleinen, hier oft zitierten Buche grundlegend geschildert; deshalb wurden an dieser Stelle die Typen nach ihrer Formentwicklung zusammengestellt und lokale Eigenart nur nebenher berücksichtigt. Das Bild zu vervollständigen, sind etliche Beispiele von bronzenen Hausgeräten, Kissen und Stoffen beigefügt, und zum Vergleich auch Einrichtungsstücke aus Küchen, sowie Werke älterer und jüngerer Zeit abgebildet worden. Das 17. Jahrhundert ist verhältnismäßig reich vertreten, aber in der Hauptsache nur durch Arbeiten, die die Tradition der Hochrenaissance bewahrten.

Es war mir nicht möglich, alle hier abgebildeten Werke auf Alter und Erhaltungszustand selbst zu prüfen. Es mögen einzelne von alter Form aber neuer Ausführung und einige zusammengesetzte Stücke darunter sein. Deutsche und ausländische Museumsleiter, Privatsammler und Fachgelehrte haben meine Arbeit durch Auskünfte, Überweisung von Photographien oder die Erlaubnis, solche anfertigen zu lassen, auf das Entgegenkommendste gefördert; insbesondere die Herren Exzellenz von Bode, Generaldirektor Dr. von Falke und Direktor Dr. Jessen-Berlin, Direktor Dr. Back-Darmstadt, Dr. Figdor-Wien, Direktor Dr. Graul-Leipzig, Professor Dr. O. Lanz-Amsterdam, Direktor Dr. Maclagan-London, Direktor Dr. Malaguzzi-Valeri-Bologna, Direktor Dr. Robert Schmidt-Frankfurt a. M., Professor Dr. Schubring-Hannover, Dr. Silten und Geheimrat Dr. E. Simon-Berlin, das Auktionshaus R. Lepke ebenda, sowie die Herren Stefano Bardini, Elia Volpi und Luigi Grassi in Florenz, L. Bernheimer, Julius Böhler und A. S. Drey in München. Ihnen allen sei auch hier verbindlichster Dank gesagt. Ebensolcher gebührt Herrn Julius Hoffmann-Stuttgart, der keine Mühe gescheut hat, erwünschte Photographien zu beschaffen und auch sonst meine Arbeit in jeder Weise unterstützte. Die Auswahl der Abbildungen ist von uns beiden besorgt worden.

Berlin, Pfingsten 1921.   FRIDA SCHOTTMÜLLER

1. Umbrien Ende 15. Jahrhundert: Kaminfries

Gubbio, Palazzo Ducale

WOHNUNGSKULTUR UND MÖBEL
DER ITALIENISCHEN RENAISSANCE

I. DAS HAUS UND SEINE EINRICHTUNG

Während des Mittelalters waren die Kirche und ihr Schmuck die wichtigsten Aufgaben bildender Kunst. Am Gotteshause fanden der romanische und gotische Stil ihre reiche, vielartige Ausgestaltung. Der Profanbau stand durchaus an zweiter Stelle; er entnahm für seine besonderen Zwecke die an der Kirche entwickelten Formen, und selbst in Königspalästen fehlte manche Bequemlichkeit, die im Bürgerhause heute selbstverständlich ist. Erst zu Ende dieses ersten großen Zeitalters christlicher Kultur machte sich ein Wandel hierin bemerkbar, als wichtiges Vorzeichen einer neuen Epoche, der Renaissance. Jakob Burckhardt hat diese die Wiederentdeckung der Welt und des Menschen genannt. Der Erdenbürger hatte es aufgegeben, das diesseitige Leben einzig als eine Vorbereitung auf das im Jenseits zu betrachten; er hatte Größe und Schönheit der irdischen Welt entdeckt und strebte nach ihrem Besitz; geistig durch Erkenntnis, im Leben durch Genuß. — Es ist kein Zufall, daß die mittelalterlichen Dome weit emporragen über die sie umgebenden Häuser, während die italienischen Kirchen der Renaissance oft kleiner sind, als die gleichzeitig entstandenen Paläste. Die Betonung hatte sich verschoben; der Mensch, im besonderen der Italiener, war sich seiner Würde und Bedeutung bewußt geworden, und dies neue Lebensgefühl erweckte ganz neue Forderungen an die Lebensführung, nicht zuletzt auch an Repräsentation und Bequemlichkeit im eignen Hause.

Dazu kamen äußere Umstände jenseits der Alpen, die diese Bewegung förderten. Bis ins 14. Jahrhundert hinein waren in den größeren Städten Italiens, besonders in Rom und Florenz, Bürgerkriege an der Tagesordnung. Rathäuser und Paläste der Adligen glichen festen Burgen, deren wichtigste Aufgabe war, dem andringenden Feinde Trotz zu bieten. Dicke Mauern aus wenig behauenen starken Steinblöcken errichtet; im Erdgeschoß ein eisenbeschlagenes Tor und kleine, hochgelegene und vergitterte Fenster[1]). Schmale, steile Steintreppen. Die Wohnzimmer in den oberen Stockwerken groß und hoch, aber nur mit dem nötigsten Hausrat versehen und mit geringem Schutz gegen Wärme und Kälte. So waren die Häuser der Vornehmsten. Die Wohnung des kleinen Mannes war enger und niedriger und in der Ausstattung überaus bescheiden.

Im 15. Jahrhundert wurden die Unruhen seltener und infolge gefestigter Machtverhältnisse schneller unterdrückt. Jahrzehnte inneren Friedens begannen häufiger zu werden. Die steigende Macht einzelner Städte und Fürsten begünstigte den Handel, wie auch die Entwicklung des Handwerks; die allgemeine Wohlhabenheit stieg. Und wenn nun solche glücklicheren Verhältnisse eine geistige Wiedergeburt ermöglicht hatten, so begünstigten sie auch unmittelbar die Steigerung der täglichen Bedürfnisse. Statt sich mit der Befriedigung des

---

[1]) Das beste Beispiel solches mittelalterlichen Burgpalastes ist der Palazzo Davanzati in Florenz (Abb. 47—60). Unter den Fürstenschlössern dieses burgartigen Stils ist in der äußeren Erscheinung das Kastell der Este in Ferrara am besten erhalten. Das jüngere Castello Sforzesco in Mailand ist ein Palast im Stil der Renaissance, aber wie eine Festung mit Mauern und Graben umgeben.

VII

durchaus Notwendigen zu begnügen, konnten nun immer weitere Kreise an die Gestaltung eines schönen Lebens denken. Der Luxus, den das späte Mittelalter schon in der Kleidung gekannt hatte, wurde seit dem Ausgang des 15. Jahrhunderts, auch in der Wohnung und Lebenshaltung des Wohlhabenden selbstverständlich. Es waren dies nicht nur die alten Adelsgeschlechter, auch manche Bürgerfamilie war durch geschäftliche Tüchtigkeit und politische Klugheit in die Höhe gekommen, wie die Mediceer in Florenz und die Chigi aus Siena; und den Päpsten ward es mehr und mehr Gewohnheit, ihre Verwandten aufs reichste mit irdischen Glücksgütern auszustatten. So wuchs die Zahl derer, die, über der Menge stehend, durch ihre Ansprüche an das Leben Kultur und Zivilisation fördern konnten.

Schon das Äußere des Palastes mußte nun mehr und mehr durch Größe und Schönheit, Reichtum und Kunstsinn seines Besitzers offenbaren[1]). Die derben Rusticaplatten wurden nicht mehr zu festungsartiger Wirkung eng zusammengeschlossen, sondern gegliedert durch die Betonung der Fugen, oder sie waren nur am Erdgeschoß verwendet. Häufiger waren die Steinplatten fein geglättet, oder minderwertiges Material wurde durch Putz verkleidet. Nur im Norden und im östlichen Mittelitalien bildete sich ein eigener, geschmackvoller Backsteinstil aus. — Fries und Gesims, der Antike nachgebildet, trennten die Stockwerke und schlossen die Masse nach oben wirkungsvoll-lastend ab. Wie für das deutsche Haus bis zum Barock der steile Giebel nach der Straßenfront selbstverständlich war, ist es der horizontale Abschluß für den Profanbau Italiens durch die Jahrhunderte hindurch gewesen. — Dazu kamen schon im 15. Jahrhundert neben den wagerechten die vertikalen Teilungen auf; Pilaster, seltener Halbsäulen, wurden in gleichen Abständen, später in solchen von wechselnder Breite — rhythmische Travéen bildend — an der Front verteilt. Die Fenster der unteren Stockwerke blieben klein, wenn in einfacheren Wohnhäusern nicht Verkaufsläden und Werkstätten hier eingebaut wurden. Die oberen Geschosse wurden und werden

2. Paolo Uccello: Einfacher Kaufladen um 1450 (Predellenbild)

Urbino, Palazzo Ducale

jenseits der Alpen, als die gesünderen, zum Wohnen bevorzugt. Auch in der Ausstattung pflegen sie reicher zu sein, als das Erdgeschoß. — Glasfenster aus der Epoche der Renaissance sind nur in Kirchen erhalten; aber aus Inventaren ist ihr gelegentliches, nicht häufiges Vorkommen im Privathaus erwiesen[1]). Meist waren sie aus runden, in Blei gefaßten Scheiben (Butzen) zusammengesetzt, die in Frankreich, Flandern und Venedig hergestellt wurden. Häufiger waren, nach alten Berichten, die Fensterrahmen mit hellem, geöltem Papier oder mit durchsichtigem Stoff bespannt, der mit Terpentin getränkt und mitunter bemalt war[2]). Die Rahmen waren senkrecht und wagerecht geteilt, und Scharniere gestatteten das Öffnen einzelner Teile; die unteren Hälften waren nach außen aufzustellen. Ähnlich waren die hölzernen Fensterläden eingerichtet, die bis in die Renaissance hinein zu größerer Haltbarkeit mit dicken Nägeln in langen Reihen besetzt waren. Auch sie erfuhren in einigen Teilen Italiens eine reiche Ausgestaltung, wurden seit dem späten 15. Jahrhundert gelegentlich mit Intarsien[3]) und Schnitzereien verziert. In Florenz hat man sie damals noch ganz schlicht gebildet; und farbiger Anstrich oder Verzierung durch Malerei ist seltener als in Deutschland[4]). Im Innern haben bereits im Mittelalter außerdem Vorhänge die Fensteröffnungen umgeben und verhüllt.

Die Wohnräume pflegten im vornehmen Haus der Renaissance weiträumiger zu sein, als die gleichzeitigen in Deutschland. Dem Südländer fehlt der Sinn für das Intime, und er kennt nicht den Begriff der warmen Behaglichkeit. Zu lange währt dort der heiße Sommer oder zum mindesten eine Temperatur, die langen Aufenthalt im Freien gestattet. So ist der Italiener es seit dem Altertum gewöhnt, viel mehr in der Öffentlichkeit zu leben als wir. Geschäft und freundschaftliches Ge-

---

[1]) Man vergleiche daraufhin die Palastfassaden Brunelleschis und Albertis mit denen von Palladio und Alessi, den Palazzo di Venezia mit dem Palazzo Farnese zu Rom oder die Borgiagemächer im Vatikan mit der Sala Regia ebenda. Abbildungen bei J. Baum, Baukunst und dekorative Plastik der Frührenaissance in Italien (Bauformen-Bibliothek Band 11) und C. Ricci, Baukunst und dekorative Plastik der Hoch- und Spätrenaissance in Italien (Bauformen-Bibliothek Band 13).

[1]) Vergl. A. Schiaparelli, La Casa Fiorentina. (Biblioteca storica del Rinascimento IV) Firenze, Sansoni 1908 Bd. I S. 124, wo die erste Erwähnung von Glasfenstern 1335 in Bologna und etliche spätere aus toskanischen Urkunden zitiert sind.

[2]) Vergl. Schiaparelli a. a. O. S. 128 ff. sowie C. von Stegmann und H. von Geymüller: Architektur der Renaissance in Toskana (München, Bruckmann) Bd. XI S. 5—7. In beiden Werken charakteristische Abbildungen nach Gemälden und Intarsien.

[3]) Auf Borgognones Fresken in der Certosa bei Pavia.

[4]) Schiaparelli a. a. O. S. 118. — Außerdem kommen auf Bildern (Carpaccio, Traum der Hl. Ursula, Abb. 35) durchbrochene Holzgitter vor den Fenstern vor.

spräch werden auf der „Piazza" erledigt, und die einfache Frau pflegt häusliche Arbeit soweit als angängig noch heute vor der Haustür zu verrichten[1]). Nur für den Reichen und Vornehmen, der es für passend hält, sich von der Öffentlichkeit zurückzuziehen, ist die Wohnung ständiger Aufenthalt.

3. Venezianisches Schlafzimmer. Holzschnitt von 1499

nung ständiger Aufenthalt. Diese Lebensführung hat die Ausstattung des Hauses von jeher entscheidend beeinflußt. Die des Bürgers ist in Italien viel primitiver als bei einem Nordländer, der in gleichen Verhältnissen lebt; und der Palast der Vornehmen ist im Innern mehr auf Repräsentation als auf Bequemlichkeit gestimmt. Im 15. und 16. Jahrhundert ist das nicht anders als heute gewesen. Ebenso wichtig für die Ausgestaltung des Innenraumes war das Stilgefühl des Italieners im Zeitalter der Renaissance. Er vermied jede undeutliche, nur angedeutete Form in Architektur, Plastik und Malerei; und wie es ihm Bedürfnis war, an gegossenen und gemeißelten Figuren Geste und unwillkürliche Bewegung eindeutig zu charakterisieren und die Gestalten seiner Fresken leicht überschbar zu gruppieren, so mußte auch beim Außenbau und Innenraum jede Form klar und präzis und die Gesamtwirkung von architektonischer Strenge sein. Gemalte Interieurs — im Original sind solche mit vollständiger Ausstattung ja nicht erhalten — lassen das ebenso erkennen, wie die auf uns gekommenen einzelnen Möbel.

Charakteristisch in diesem Zusammenhang ist auch die Vorliebe für Stein und ihm verwandtes Material. Er liefert den Bodenbelag, wird an den Wänden fast niemals ganz mit Holz verkleidet, wie oft in jener Zeit im Grenzgebirge und jenseits der Alpen[2]), und was noch wichtiger ist, viele Formen der Bau- und Möbeltischlerei ahmen in freier Nachbildung steinerne Architekturformen nach[1]).

In Prachträumen pflegte man den Fußboden (pavimento)[2]) mit quadratischen Marmorplatten zu belegen, die schachbrettartig in kontrastierenden Farben aneinander gereiht waren. Schmale Längs- und Querstreifen schoben sich mitunter dazwischen. Unruhiger wirkte das bunte Würfelmosaik aus vielen kleinen Steinen, das besonders in Rom — unter dem Einfluß mittelalterlicher Kosmatenarbeit — noch im 15. Jahrhundert häufig geschaffen wurde. Für das Bürgerhaus aber waren gebrannte Ziegelsteine das immer wieder verwandte Material. In der Regel nahm man rauhe, mitunter gerippte, naturfarbige von quadratischer oder sechseckiger Form. Sollte eine reichere Wirkung erzielt werden, überzog man sie mit farbiger Glasur und legte die gelben und grünen, weißen und roten wie die kostbaren Marmorplatten schachbrettartig zusammen. Endlich kamen in der zweiten Hälfte des 15. Jahrhunderts auch bemalte Fliesen mit geometrischen und heraldischen Motiven auf, die im engen Beieinander gelegentlich an orientalische Gewebe erinnern[3]). Solche mit reizvollen Renaissance-Ornamenten (Grotesken) sind in Siena geschaffen worden, wie der heute in verschiedenen Sammlungen verstreute, aufs reichste gemusterte Boden des Palazzo Piccolomini beweist[4]).

4. Venezianischer Wohnraum. Holzschnitt von 1499

Auch die Majolika-Fabriken von Montelupo und die berühmte Bildnerwerkstatt der Robbia zu Florenz haben solche Fliesen geliefert, letztere für keinen geringeren Ort als die päpstlichen Wohngemächer (Stanzen) und

---

[1]) Deshalb spielt der Hof auch eine größere Rolle im Süden und ist häufig zum Schutz gegen Regen und Sonnenwärme mit Säulenhallen umgeben.

[2]) In Oberitalien — also nahe den Alpen — ist die hohe Täfelung am häufigsten. Das seltene Beispiel eines ganz getäfelten Raumes ist die Sala della Mercanzia im Cambio zu Perugia (Abb 46).

[1]) Das gilt von Säule und Pilaster, Gebälkteilen, Konsolen und langgestreckten Voluten, wie auch von Eierstab und Perlschnur, Mäander und Flechtband, Muschelfries und reicheren Motiven.

[2]) Vergl. Lehnert, Illustrierte Geschichte des Kunstgewerbes I. S. 434/5.

[3]) Abbildungen bei J. Baum a. a. O. S. 157 und 158.

[4]) Abbildungen bei Lehnert a. a. O. I. S. 516.

die Loggien des Vatikans[1]). Hier war ungefähr in der Farbe, nicht in der Zeichnung, eine Angleichung an die übrige Dekoration des Raumes. Erst Michelangelo führte solche durch, als er durch Tribolo Motive der reichgeschnitzten Decke in der Laurenzianischen Bibliothek am Boden in Terracotta und gefärbtem Kitt wiederholen ließ. In den wenig jüngeren Prunkräumen im Palazzo Vecchio zu Florenz kehren in dem gelb und roten Terracottaplattenmuster die Hauptlinien der Deckeneinteilung wieder. — Orientalische Teppiche als Bodenbelag in Wohnräumen sind bis ins 15. Jahrhundert überaus selten gewesen; doch ist ihr gelegentliches Vorkommen schon im 14. Jahrhundert durch Malereien bezeugt. Als besondere Kostbarkeit sind sie hier öfters auf den Stufen der Madonnen- und der Fürstenthrone ausgebreitet. Am frühesten fanden sie eine weitere Verbreitung in Venedig, der offenen Tür Italiens zum Orient, und später muß ein starker Import dieser köstlichen Knüpfarbeiten nach der apenninischen Halbinsel stattgefunden haben.

Auch an der Wand dürfte das Gewebe zunächst nur in den Häusern der Reichsten zu finden gewesen sein. Aber es ist charakteristisch, daß man bereits im 14. Jahrhundert aufgehängte Stoffe nicht selten in Wandmalerei nachgeahmt hat. Freilich in den meisten Häusern ist bis weit in die Renaissance hinein die Wand nur geweißt worden. Aber bei steigendem Reichtum mußte das Fresko, das, an hohen Kirchenwänden sich ausbreitend, zur bedeutendsten Aufgabe italienischer Malerei erwachsen war, auch das Privathaus erobern; Meister wie Castagno und Botticelli, Mantegna und Raffael, Pierino del Vaga, Dosso Dossi und zahlreiche andere, haben vornehme Wohngemächer mit Wandmalereien verziert. Es hieße ein wichtiges Kapitel italienischer Kunst schreiben, wollte man auf alle Darstellungen aus Geschichte und Dichtung eingehen, die im Zeitalter der

5. F. Pesellino: Einfaches Schlafzimmer in Florenz um 1450
(Wunderheilung)

Paris, Louvre

Renaissance im Profanbau entstanden sind[1]). Im ganzen war die reichere Verzierung durch Malerei dem oberen Teil der Wände vorbehalten. Schon im 14. Jahrhundert sind Ausblicke in Landschaften, meist Baumreihen, nicht selten und Leonardo da Vinci hat dies Motiv in der Sala della Asse im Mailänder Kastell zu grandioser Monumentalität gesteigert; auch Correggio, Giovanni da Udine u. a. haben Wölbungen laubenartig ausgemalt. Der Hauptteil der Wand ward meistens in Felder gegliedert und mit heraldischen oder geometrischen Motiven verziert. Sie sind tapetenartig straff auf der Mauer ausgebreitet oder die Verzierung leicht gefälteter Stoffe. Gelegentlich kommt eine merkwürdige Verbindung mit der Landschaftsdarstellung vor, wenn nämlich die Gewebe—oder große Pelzdecken (Abb. 34) – an den Zweigen der Bäume aufgehängt scheinen[2]).

Die Holztäfelung (spalliera) über das untere Teil der Wand hinaus war in Mittel- und Unteritalien nur in öffentlichen Profanbauten — Rat- und Zunfthäusern — häufiger anzutreffen. In Sakristeien verbarg man oftmals Wandschränke hinter ihr; und diesMotiv wurde, wie viele andere dann, vom Privathaus übernommen. So werden in den Inventaren der Medici solche erwähnt, und das Studio Francescos I. im Palazzo Vecchio ist ein prachtvolles Beispiel bemalter Holzverkleidung aus der Spätrenaissance (Abb. 62).

Die etwa mannshohe Täfelung pflegte man in senkrecht gestellte Rechtecke zu gliedern; bei geringer Höhe erschienen liegende Felder oft besser angebracht; oder architektonischem Rhythmus zuliebe wechselten sie miteinander oder mit quadratischen Füllungen ab. Schmale Randfriese oder reiche Felderfüllungen in Intarsia belebten die braune Fläche; auch landschaftliche Motive, Stilleben und allerlei perspektivische Darstellungen,

---

[1]) Vergl. Schiaparelli a. a. O. S. 136. Die runden Majolikaplatten im Victoria- und Albert-Museum zu London Nr. 7632 bis 7643 (Katalog von J. C. Robinson ... Italian Sculpture, S. 59) die in primitiver Malerei allegorische Figuren der zwölf Monate zeigen, wurden früher mit L. della Robbias dekorativen Arbeiten für das Studierzimmer Piero Medicis wohl irrtümlich in Verbindung gebracht. Hier soll die gewölbte Decke und der Fußboden (?) mit bemalten Majolikaplatten belegt gewesen sein.

[1]) Abb. bei Baum a. a. O. S. 134—141.

[2]) Wichtige Fragmente älterer Profanmalerei außerdem im Museo von S. Marco zu Florenz, veröffentlicht in „Il Centro di Firenze (Florenz, Bemporad 1900). — Schiaparelli, a. n. O. S. 146/7 leitet das zuletzt genannte Motiv von den zeltartigen Unterkünften der kriegslustigen Barone ab. Die renaissancemäßige Umbildung dieser spätmittelalterlichen Illusionsmalerei bilden die Wandbespannungen aus Stoff oder Leder an hölzerner Leiste, die in Venedig öfters die Täfelung ersetzten (Abb. 32).

die letzten Endes auf eine Täuschung ausgingen, waren hier eingelassen. So hat die Stanza della Segnatura im Vatikan ursprünglich prächtige Täfelung von Fra Giovanni da Verona mit reizvollen Veduten besessen[1]. Und noch phantastischer ist das kleine Arbeitszimmer des Herzogs Federigo da Montefeltro im Schlosse von Urbino ausgestattet, dessen Wandverkleidung offene Schränke mit Büchern und allerlei Gerät, sowie Bänke vortäuscht, auf denen Waffen, Instrumente und Schriftwerke in buntem Durcheinander liegen. Leider sind die achtundzwanzig Bilder berühmter Geisteshelden, die einstens hier die oberen Wandteile schmückten, nicht mehr an Ort und Stelle, sondern in verschiedenen auswärtigen Museen verstreut[2], so daß der Gesamteindruck nur noch vorgestellt, nicht mehr gesehen und voll gewürdigt werden kann[3]. Ähnliches gilt auch von den schönen Wohngemächern (il Paradiso) der Isabella d'Este in der Reggia zu Mantua, die durch feine Verhältnisse und den harmonischen Zusammenklang reicher Dekoration (Schnitzerei, Intarsien und farbiger Marmorverzierung) zu den Juwelen italienischer Wohnkultur gehört haben. Ernster ist der Eindruck bei der ausschließlichen Verwendung ornamentaler Intarsien und der Beschränkung auf zwei Farbentöne, wie auf Ghirlandajos Fresko der Mariengeburt in S. Maria Novella zu Florenz. Hier ist zudem ein Relief statt bunter Malerei im oberen Wandteil angebracht (Abb. 38).

Manche Täfelung mag später zerstört worden sein, weil die Mode wechselte oder Teppiche, die bis zum Boden reichten, aufgehängt werden sollten. Vielleicht hat auch der Wunsch, hier angebrachte Gemälde anders

zu verwenden, mitunter den Ausschlag gegeben[1]. Auf jeden Fall schloß die Täfelung mit einer profilierten Leiste ab, die in Manneshöhe die Breite eines Wandbrettes haben konnte, und dann waren Bronzestatuetten und kleineres Hausgerät hier aufgestellt; während größere Bildwerke ihren Platz auf dem Kamin oder über der Türumrahmung fanden[2] (Abb. 44 und 35).

War der obere Wandteil weiß verputzt, wurden einzelne Bilder hier aufgehängt oder die Fläche — wie im Studio von Urbino — ganz mit ihnen bedeckt. Wandteppiche wurden im 15. Jahrhundert und wohl schon früher aus Flandern und Frankreich eingeführt; aber sie kamen nur im Fürstenpalast in größerer Anzahl vor. Charakteristisch für die Epoche der Hochrenaissance ist eine architektonische Gliederung der Wandflächen, horizontal durch besondere Dekorierung des unteren Teils, auch wenn er nicht getäfelt ist, vertikal durch Lisenen und Pilaster. Ja mitunter bringt man seit der Mitte des 16. Jahrhunderts fast rund gebildete Statuen zwischen den Gemälden an, die ihrerseits, selbst wo sie al fresco gemalt worden sind, mit plastischem Stuckrahmen umgeben sind. So in der Sala Regia im Vatikan und dem jüngeren, prunkhaften Korridor im Palazzo Spada zu Rom. Damals war eine überaus reiche Ausstattung vornehmer Wohngemächer fast zur Regel geworden, besonders in Venedig. Francesco Sansovino[3] berichtet von zahllosen Palästen in der Lagunenstadt, deren Zimmerwände mit Bildwirkereien, Seidenstoff[4] oder gepreßtem

6. Fra Filippo Lippi: St. Augustin in seiner Zelle (Ausschnitt)

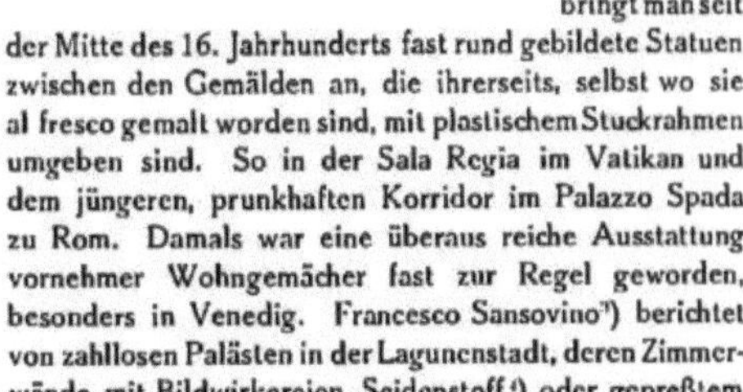

---

[1] Vasari, Lebensbeschreibungen der berühmtesten Architekten, deutsch herausgegeben von A. Gottschewski u. G. Gronau Bd. IV. S. 213.

[2] Bombe, Justus von Gent in Urbino. Mitteilungen des kunsthistorischen Instituts in Florenz, 1. Bd. 3. Heft (Berlin 1909) S. 111 ff.

[3] L. Venturi glaubt (L'Arte XVII, 1914, S. 450—459), daß Baccio Pontelli (als Intarsiator ein Schüler Franciones und Giuliano da Maianos) die Wandtäfelung zwischen 1477 und 1482 gearbeitet habe, die drei Kardinaltugenden nach einem Entwurf Francesco di Giorgio Martinis (Abb. ebda.).

[1] Schiaparelli a. a. O. S. 168 ff. nimmt von vielen, früher als Truhenbilder angesprochenen Malereien an, daß sie in oder über der Täfelung gesessen haben, während Schubring (Cassoni - Leipzig 1915 S. 9—11) vermutet, daß Intarsien die Unterwand beherrschten und gemalte Bilder über derselben angebracht gewesen seien.

[2] Die umfassendsten Wandvertäfelungen und Verkleidungen durch Stoffe oder Leder entstanden in Oberitalien, besonders in Venedig (Abb. 65). Aus späterer Zeit prachtvolle Holzverkleidungen im Dogenpalast (Abb. 66 u .67). — In Mittelitalien kommen auch Marmorpaneele und Nachahmungen solcher vor.

[3] Venezia nobilissima (Venedig 1580) S. 142.

[4] Als eine Verirrung erscheinen die aus Seide gewebten venezianischen Pilasterdekorationen mit Trophäen, wie sie die Stoffsammlung des Berliner Kunstgewerbe-Museums besitzt.

Leder[1]), verkleidet und deren Boden in Wohnräumen ganz mit Teppichen belegt waren. Auch in den Bürgerhäusern waren diese häufig. Vereinzelt kommt solcher Luxus schon bald nach 1500 vor. So beschreibt Bandello in seiner 42. Novelle die Wohnung der römischen Kurtisane Imperia, deren Zimmer ganz mit Sammet und Brokat, eines sogar mit golddurchwirktem Stoff, bezogen war, während feinste Teppiche den Fußboden ganz bedeckten. Neben reich verzierten Möbeln fand man hier Prunkvasen aus farbigem Marmor und auf dem Tisch mit einer feinen Sammetdecke in der Mitte ein Musikinstrument und kostbare Bücher. Und in der 4. Novelle schildert der Dichter ein Schlafgemach, dessen Wände mit rotem, reich besticktem Sammet bekleidet waren. Hier werden außer dem Prunkbett nur ein Tisch, vier Lehnstühle aus rotem Sammet, aber acht geschnitzte Truhen und mehrere Gemälde Leonardo da Vincis aufgeführt. Wenn auch — dieser Bilder wegen — hier das Ganze mehr wie dichterische Erfindung, als wie die Be-

statt der gleichmäßigen Flächenfüllung durch vertiefte Quadrate in Aufnahme kamen. Anlaß zu dieser Umbildung war die plastische Dekorierung von flachen und gewölbten Decken, dann auch vom oberen Wandteil, durch Stuck und Gips[1]), die man farbig tönte, oder weiß gehalten nur leicht mit Gold auflichtete, oder schließlich in reizvollem Wechsel mit Malereien anbrachte. Diese selbst mußten im 15. Jahrhundert häufig gotische Wölbungen bedecken, bis das Privathaus die am Kirchenbau entwickelten neuen Formen der Renaissance übernahm und für seine besondern Zwecke differenzierte. Wie im Mittelalter wurden Wand- und Gewölbemalerei auch weiterhin zu einheitlicher Wirkung gebracht. Nur trat statt flächenmäßiger Dekorierung eine Gliederung durch gemalte oder plastische Architektur in immer großzügigerer Gestaltung ein. Doch ist auch diese Verzierungsweise nur schöner Schein, nicht aus der Konstruktion des Mauerbaus erwachsen. Und dasselbe gilt von den gewölbten Holzdecken der Renaissance, deren reizvollste wohl das schon erwähnte Ka-

Phot. Anderson

7. Hochzeit der Adimari. Truhenbild um 1450 (Ausschnitt)

Florenz, Akademie.

schreibung eines bestimmten Gemaches klingt, ist doch anzunehmen, daß es damals Gemächer mit solcher Ausstattung gegeben hat[2]).

Endlich der obere Abschluß von Saal und Zimmer[3]). In Nachahmung des Kirchenraumes und öffentlicher Säle war er mitunter gewölbt; aber die Regel war im Privathaus die flache Balkendecke. Meist ließ man im 15. Jahrhundert die einfache Konstruktion der parallelen braunen Hölzerlagen sehen und betonte die tragenden Balken durch leicht vorspringende, kleine Konsolen. Dann entwickelte sich wohl in Anlehnung an antike Steindecken das Kassettenmotiv, ward allmählich reicher ausgebildet und mit Schnitzereien versehen; bis endlich diese mehr und mehr Selbstzweck wurden und größere architektonische Gliederungen von verschiedener Form

binett der Isabella d'Este in Mantua deckt.

Das wichtigste Ausstattungsstück außer den Möbeln war der Kamin[2]), der — seit dem 14. Jahrhundert in Italien gebräuchlich — in der Renaissance in vielen Wohn- und Schlafräumen vorhanden gewesen sein dürfte. Allmählich hatte sich schon ausgangs des Mittelalters die Feuerstelle, die zum Wärmen und zum Kochen im Bürgerhause gedient hatte (Abb. 2), zu einem sinngemäßen Aufbau der dekorativen Architektur entwickelt. Zu Seiten hatte man niedrige Steinbänke oder schmale Wände, die den Rauchfang stützten, angebracht (Abb. 538). Nun ward das Feuerloch im Zimmer häufig breiter als hoch, und die abschließende Horizontale durch gebälkartige Architektur betont, während die Träger als Pilaster ausgestaltet oder mit davor gestellten Balustern oder Säulen bereichert wurden; und ornamentale oder figürliche Reliefs breiteten sich über alle Flächen (Abb. 539—550). War es angängig, verlegte man den giebelförmigen Rauchabzug

---

[1]) Die Ledertapeten, eine kostbare Rarität, die häufig bemalt und mit Gold und Silber verziert waren, sind wahrscheinlich aus Spanien eingeführt worden. Vergl. Schiaparelli a. a. O. S. 229/30.

[2]) Vergl. Jakob Burckhardt, Geschichte der Renaissance (5. Aufl.) S. 320.

[3]) Abbildungen bei Baum a. a. O. S. 147, 150—156.

[1]) Vergl. die ausführlichen Darlegungen über Deckenverzierung bei J. Burckhardt a. a. O. S. 343—358.

[2]) Vergl. Schiaparelli a. a. O. S. 88 ff.

XII

8. Florentinischer Festraum um 1450 (Gastmahl des Aeneas und der Dido). Truhenbild

Hannover, Kestner-Museum

in die Wand, oder man verdeckte ihn mit plastischer Verzierung (Abb. 546)[1].

Bildnerische Ausgestaltung erhielten auch die Türen[2]. Näher noch als bei dem Kamin lag hier die Übernahme klassischer Formen; und zu dem plastischen Schmuck trat mitunter die Bereicherung durch verschiedenfarbiges Steinmaterial (Abb. 534/5). Es entsprach durchaus dem italienischen Geschmack für Weiträumigkeit, wie dem neuen Bewußtsein von Menschenwürde und gesellschaftlicher Stellung, daß man die Durchgänge überhöhte und verzierte; und der geschulte Sinn für Architektonik forderte für das Loch in der Wand (beim Kamin wie auch hier) einen betonenden Abschluß (Abb. 530—533). Holzumrahmungen der Renaissance aus Profanbauten sind kaum erhalten, aber verschiedenartige Türflügel, die man am Außenbau nur in Felder geteilt und mit derben Nägeln oder mit Schnitzereien versehen hat, während man in Zimmern und Sälen Intarsia und plastischen Schmuck vereinte oder nur jener Verwendung fand (Abb. 519 bis 529). Genügten für kleine Türen im Bürgerhaus schmale eingelegte Bänder, deren Gesamtwirkung keineswegs reizlos ist, wählte man bei größerer Prachtentfaltung plastische Friese und ornamentale oder figürliche Darstellungen für die Füllungen (Abb. 517, 518 und 515); oder aber, die malerische Holzeinlage mußte Nischen mit Figuren, Profile, ja sogar offene Schränke vortäuschen, in denen Bücher aufgestapelt lagen (Abb. 516)[1]. Wie beim Möbel wurden solche — für eine Tür nicht durchaus angebrachte — Motive im 16. Jahrhundert aufgegeben. Auch hier gewann die reicher ausgestaltete ornamentale Schnitzerei durchaus die Vorherrschaft (Abb. 523, 525—527).

Man ist gewohnt, die Wohnkultur der Renaissance als Einheit zu betrachten, aber nur die klare Architektonik, die die Gesamtwirkung des Innenraumes und jede einzelne Form bestimmt, ist charakteristisch für alle Phasen dieser Blütezeit. Die einzelnen Abschnitte sind überaus verschieden, und eine bedeutungsvolle Entwicklung läßt sich klar erkennen. Von einfachen Konstruktionsformen und der Betonung der starren Mauer kam man zu reicher Gliederung aller Flächen und zu ihrer entschiedenen Verdeutlichung durch Ausgestaltung und Verstärkung aller Profile. Die bunte Farbigkeit trat allmählich zurück, sie wurde gebändigt oder ganz ersetzt durch plastisches Beiwerk. Das gilt von Wandverkleidung und Möbel, von der Malerei wie auch von der Intarsia. Der Zusammenhang aller Teile wurde durch die Gleichheit der Motive oder gleicher Gliederung von Fußboden und Decke betont, oder diese ward durch Verzierung mit den Wänden dekorativ ver-

[1] Einfache Feuerböcke kommen seit 1418 in Inventaren vor.

[2] Abbildungen von Kaminen und Türen auch bei Baum a. a. S. 271/2, 163 ff.

[1] Zwei sehr schöne Türflügel mit rein ornamentalen Intarsien aus dem Palast in Gubbio in der Sammlung Figdor in Wien (Abb. bei Stegmann, Kunst und Kunsthandwerk X, 1907, S. 124).

bunden. Auch die Bespannung der Wände mit einfarbigen Sammet- oder Seidenstoffen, statt immer Verduren oder figurenreiche Bildwirkereien hier anzubringen, ist bezeichnend für den Wandel des Geschmacks. Zugleich ist der zunehmende Reichtum wahrnehmbar in der prunkhafteren Ausstattung vornehmer Innenräume.

II. MÖBEL

Allgemeines

Mobiliar[1]), vom lateinischen mobilis abgeleitet, bedeutet beweglichen Hausrat im Gegensatz zu dem, was niet- und nagelfest im Wohnhaus ist. So dürfte das Wort letzten Endes keine Anwendung auf eingebaute Betten und Schränke finden, aber es fehlt eine andere zusammenfassende Bezeichnung für Ruhestätten, Behältnisse und Tische. Im Altertum ward der Charakter des Transportablen in Möbeln öfters durch die Gestaltung der Füße als Löwenpranken oder andere Tierformen zum Ausdruck gebracht. Ja dies Motiv ward auch auf Marmortische übertragen, obwohl deren Größe und wuchtige Schwere sie eher dekorativen Steinbildnereien als Möbeln ähnlich erscheinen läßt (Abb. 23).

So überaus wenig Holzarbeiten des Altertums erhalten sind, steht doch ein hohes handwerkliches Können schon für die griechische Blütezeit fest. Für Hausmöbel fand schon im 6. vorchristlichen Jahrhundert — das beweisen Vasenbilder — die Drechslerarbeit oft Verwendung, Furnierung, Intarsien und plastische Verzierung kommen an Särgen des folgenden Säkulums vor und dürften sich auch am Gerät der Lebenden

9. Herrschaftliche Küche nach 1600. Kupferstich.

[1]) Allgemeine Literatur: Wilhelm v. Bode, Die italienischen Hausmöbel der Renaissance (2. Aufl. Leipzig 1920), das in folgendem auf jeder Seite zitiert werden könnte; wichtig ferner: Das Kunstgewerbe der Renaissance von G. Swarzenski u. W. Behncke in Lehnert: Illustrierte Geschichte des Kunstgewerbes I. S. 423 ff. Lessing, Vorbilderhefte aus dem Kgl. Kunstgewerbe-Museum (Berlin 1889—1905) Heft 12 (Truhen), 14 (Möbel d. 16. Jrh.) und 15 (Türen). A. G. Meyer, Tafeln zur Geschichte der Möbelformen (Leipzig 1902 ff). George Leland Hunter: Italian Furniture and Interiors. London und New York o. J. Hauptsächlich Mobiliar in amerikanischem und englischem Besitz in beiden Ländern und in Florentiner Villen. Molinier: Histoire Générale des Arts appliqués à l'industrie (Paris 1896--1900) Bd. II, hauptsächlich Kirchenmöbel, z. T. veraltet. G. Ferrari: Il Legno nell'Arte Italiana (Milano o. J.). In der Hauptsache Kirchenmöbel, Decken, Täfelungen. — Über die Wohnkultur in einzelnen Städten: Molmenti, La Storia di Venezia nella Vita privata. Bd. II. Bergamo 1906. G. Ludwig: Venezianischer Hausrat zur Zeit der Renaissance, Italienische Forschungen I (Berlin 1905); — Malaguzzi-Valeri: La Corte di Ludovico il Moro, Bd. I (Mailand 1913) u. a. m.

Die wichtigsten Sammlungen italienischen Mobiliars befinden sich im Schloß-Museum (früher Kunstgewerbe-Museum) im Alten Schloß zu Berlin, im Landes-Museum zu Darmstadt, in den Kunstgewerbe-Museen zu Leipzig und Frankfurt a. M.,

den Museen für Kunst und Gewerbe in Hamburg und Wien, dem Victoria- und Albert-Museum zu London, dem Museo Civico zu Turin und dem Castello Sforzesco zu Mailand. Im Palazzo di Venezia zu Rom ist z. Z. ein solches im Entstehen. Außerdem sind in zahlreichen Kunstsammlungen zwischen Gemälden und Bildwerken gute Möbel aufgestellt, wie im Kaiser Friedrich-Museum zu Berlin, im Museo Nazionale zu Florenz, im Museo Poldi-Pezzoli zu Mailand, im Musée André-Jacquemart in Paris, im Liebighaus zu Frankfurt a. M. u. a. O.

Unter den Privatsammlungen steht die Sammlung Figdor in Wien an erster Stelle, neben ihr sind die von Geheimrat Dr. E. Simon in Berlin, Professor Dr. Lanz in Amsterdam, in Florenz die von Stefano Bardini, Elia Volpi im Palazzo Davanzati und Luigi Grassi, sowie die unlängst dem Staat vermachte Sammlung Herbert Horne und etliche Villen der Umgebung hervorzuheben. Mailand besitzt die umfangreiche Sammlung der Brüder Bagatti-Valsecchi und Berlin besaß einst die 1915 bei Lepke versteigerte Sammlung A. von Beckerath. — In der Engelsburg in Rom waren 1911 in den Mostre Rettrospettive anläßlich der Jubiläumsfeiern mehrere Hochrenaissancezimmer geschmackvoll und historisch ziemlich treu mit gleichzeitigen Möbeln ausgestattet worden (Abb. L'Arte XIV 1911 S. 447 und 459). — Außerdem befinden sich eine große Anzahl guter Stücke und viele zusammengesetzte und gefälschte in vielen öffentlichen und privaten Sammlungen Europas und der Vereinigten Staaten.

befunden haben. Während des Hellenismus verfeinerte sich die Technik auf allen Gebieten, und der Luxus der römischen Kaiserzeit ist ohne Zweifel auch in der Wohnkultur stark zum Ausdruck gekommen. Aber der Italiener der Renaissance, der für Bauten und Bildwerke unmittelbare Vorbilder in antiken Werken fand, hat vermutlich von diesen Holzarbeiten kaum noch Reste gesehen; in der Hauptsache wohl Möbel aus Stein und Metall. Er war vielmehr auf die Typen des späten Mittelalters angewiesen, in denen sich freilich vereinzelt Reminiszenzen aus klassischer Zeit erhalten hatten. Die Bedürfnisse waren ja auch denen der jüngsten Vergangenheit weitaus ähnlicher, als solchen vor tausend Jahren, und eine schöpferische Ausgestaltung im Stil der Renaissance war nötig[1]), die als Leistung nicht geringer gewertet werden darf, als der Bau von Kirchen und Palästen.

Die Wohnkultur des gotischen Zeitalters stand diesseits der Alpen auf einer höheren Stufe als in Italien. Die schon erwähnten Lebensgewohnheiten des Südländers und die inner- und außerpolitischen Verhältnisse der apenninischen Halbinsel erklären dies zur Genüge. Doch hat der gotische Hausrat seine höchste Vollendung auch erst im 15. Jahrhundert erhalten, als in Italien bereits die Renaissance zur Herrschaft kam, und der Einfluß des Nordens ist in Ligurien, Piemont[2]), der Lombardei und Venetien bis nach 1500 unverkennbar. Über die Alpen gingen Beziehungen hinüber und herüber[3]). Ja, es entsprach dem malerischen Geschmack der Lagunenstadt, germanische Motive mit solchen des Orients und Mittelitaliens an einem Möbel reizvoll zu vereinen (Abb. 78). Hier konnte nicht ein neuer Stil in voller Reinheit erstehen. Seine Wiege war Toskana, das nicht nur für Malerei, Baukunst und Bildnerei, sondern ebenso sehr für den Hausrat der Renaissance die vorbildlichen Formen gefunden hat. Vom Arno ging der neue Stil nach

Norden und nach Süden. Die ersten wichtigen Mittelpunkte der Möbeltischlerei waren Florenz und Siena; dann gewannen Rom und Venedig, endlich auch Mailand, Genua und Bologna eine Bedeutung. Aber die Freizügigkeit der entwerfenden Künstler und ihre Zusammenarbeit mit einheimischen Bildschnitzern und Schreinern, wie mit auswärtigen Intarsiatoren verwischen oftmals die lokalen Verschiedenheiten. Deutlicher sind die Kontraste zwischen den älteren und jüngeren Werken der Epoche.

Wichtige Anregungen erhielt die Wohnkultur von der Kirche und ihrer Ausstattung, ein Verhältnis, das in noch höherem Maße während des Mittelalters bestanden hat. Nicht eigentlich der Altarschmuck, aber das Chorgestühl und die Einrichtung von Sakristeien und andern Nebenräumen boten wertvolle Vorbilder an (Abb. 195). Dann ward die Befruchtung wohl eine gegenseitige. Berühmte Künstler entwarfen die Ausstattung von Kirche und Privathaus und angesehene Bildschnitzer und Intarsiatoren verzierten beides. Die Werke von hüben und drüben sind einander oft so ähnlich, daß wo die Herkunft nicht bekannt ist — die ursprüngliche Bestimmung kaum zu ermitteln ist[1]). Zudem stammen manche gute Möbel aus Klöstern und Bruderschaftshäusern, die ein Zwischenglied zwischen sakraler und profaner Architektur gewesen sind (Abb. 201,2 und 212). Und gerade diese Baulichkeiten sind oft aufs reichste ausgestattet oder Möbel dieser Herkunft von so edler Form, daß nur namhafte Künstler sie gebildet haben können. Am genauesten ist man darüber bei der Badia am Fuß des Fiesolaner Hügels unterrichtet, die Cosimo Medici wiederherstellen ließ[4]). Auch Francesco Sforza hatte für die prächtige Ausgestaltung der Certosa bei Pavia besonderes Interesse; und ein Schmuckstück von reizvollster Wirkung muß das Zimmer der Äbtissin im Nonnenkloster zu

10. Nebenraum einer herrschaftlichen Küche nach 1600. Kupferstich.

---

[1]) Nur antike Marmortische sind in Stein und Holz unmittelbar nachgeahmt worden.

[2]) Zahlreiche Beispiele im Museo Civico zu Turin.

[3]) Vergl. Rob. Schmidt: Möbel (Bibliothek für Kunst- und Antiquitätensammler Bd. 5) 3. Aufl. S. 70 ff.

[1]) Das gilt besonders für Bänke und Schränke.

[2]) Die Intarsiatür 515 von ebenda. Über Bau und Ausstattung des Klosters vergl. C. v. Stegmann und H. v. Geymüller a. a. O., Bd. I Brunelleschi S. 49—58 und G. v. Fabriczy, Filippo Brunelleschi S. 594 und Jahrbuch der preuß. Kunstsammlungen, XXIV. Beiheft S. 137 ff. (Giuliano da Maiano).

Parma gewesen sein, als unter Correggios Fresken noch das aufs feinste geschnitzte Stuhlwerk (heute z. T. im Museum ebenda) vorhanden war (Abb. 547).

Der italienische Wohnraum enthielt (und enthält oftmals noch heute) viel weniger Möbel als die gleich großen Zimmer diesseits der Alpen. Diese vornehme Weiträumigkeit erscheint uns beinahe wie Leerheit, und im besonderen müssen Gesellschaftssäle, die nur bei festlichen Gelegenheiten mit Decken, Kissen und Teppichen ausgelegt waren, am Alltag kahl und kalt gewirkt haben. Schon im Mittelalter haben Stoffe — das lassen Bilder erkennen — eine große Rolle im Interieur gespielt. Oft mögen damals die kostbaren Gewebe italienischer oder orientalischer Herkunft grob gearbeiteteMöbel verhüllt haben; erst in der Renaissance erhielten diese eine Form und Durchbildung, die ihre Sichtbarmachung selbstverständlich erscheinen ließ.

Im Schlafgemach ragte häufig das breite Bett weit in den Raum hinein. Die Mitte des Festsaals, wie des Wohnzimmers ward durch einen — oft monumental gebildeten Tisch betont; Truhen, Sitzmöbel und Kredenzen standen längs der Wände, besonders erstere, die bis ins 16. Jahrhundert hinein durchaus hier in der Mehrzahl waren[1]), ließen das hölzerne Mobiliar in seiner Gesamtheit wie ein Stück Architektur erscheinen, wie einen Sockel, der stufenartig vor der Mauer lagerte. Es ist kein Zufall, sondern erscheint in diesem Zusammenhang beinahe selbstverständlich, daß in Italien der gotische Stollenschrank nicht heimisch wurde (Abb. 235/6), wie auch die Truhe auf hohem, vorne offenem Unterbau nur ausnahmsweise meist nahe den Alpen vorkommt (Abb. 98). Der Kasten über durchsichtigem Unterbau, fast schwebend über dünnen Säulchen, konnte den Geschmack des Südländers nicht befriedigen. Die großen Kredenzen und sehr viele Truhen stehen fest auf dem Boden auf. Nur die schmalen Schränke und kleineren Schreine haben niedrige Füße, und die Hochrenaissance verdeckt häufig die schmale Öffnung über dem Boden durch ein nach unten ausgeschweiftes Brett (Abb. 138).

Die Vorliebe für die Truhe, dies einfachste Ausstattungsstück mit vielseitigster Verwendung, war vom Mittelalter übernommen; und primitive Kastenform war zunächst hier ebenso selbstverständlich, wie schlichte sinngemäße Konstruktion für Tisch und Bett, für Schrank

und Stuhl. Aber gerade diese fast asketische Sachlichkeit war eine sehr glückliche Voraussetzung für die spätere Entwicklung[1]). Denn hier stand keine Ausdrucksform anderen Stilempfindens — zur Tradition geworden — störend im Wege, als man Motive der monumentalen Architektur übernahm und sie der andern Aufgabe und dem andern Material gemäß abwandelte. Dazu ließ das Gewohntsein an schlichte, aber handwerklich gute Ausführung die Gefahr nicht aufkommen, allzufrüh in eine reiche oder gar überladene Formensprache zu verfallen, und die Verzierung überwuchern zu lassen, ehe die sinngemäße Ausbildung der Typen gelungen war.

Material

VerschiedeneHolzarten[2]) fanden damals in Italien Verwendung. Kastanie, Ulme und Pappel benützte man für die einfachsten Möbel, wie auch als Unterlage bei Intarsien. Höher wertete man Tanne, Pinie und Zypresse, Taxus und Esche; aber am meisten schätzte, am häufigsten wählte man für kostbare Ein-

11. Andrea della Robbia (?): Relief in buntglasiertem Ton

Früher Berlin, Sammlung A. v. Beckerath

richtungsstücke das harte dunkle Nußholz. Besonders seit der Hochrenaissance, als man gelernt hatte, die edelsten

[1]) Schiapparelli berichtet (a. a. O. S. 23 ff.), daß bis 1384 von der Tischlerzunft in Florenz bestimmte Maße für die einzelnen Möbeltypen vorgeschrieben und die Verwendung verschiedener Hölzer und die Anbringung von profilierten Leisten, die eine eventuelle Furnierung schwerer erkennen ließen, verboten waren. Ehe die Möbel bemalt, mit Leder nur Eselshaut war gestattet — oder Stoff bezogen wurden, pflegte ein Obmann der Zunft sie zu prüfen. Nur gegen Bezahlung bestimmter Gebühren durften nicht vorschriftsmäßige Möbel (extralegali oder isfoggiati genannt) hergestellt werden. Das wurde dann für vornehme Haushaltungen mehr und mehr üblich — schon 1418 kommen in einem Inventar intarsierte, furnierte und mit Leisten versehene Möbel vor. Die einfachen Stücke (regolati genannt) wanderten auf den Boden, in Dienstbotenkammern und die Häuser der kleinen Bürger. Am längsten hielten sie sich wohl auf dem Lande, da sie in Inventaren des 15. Jahrhunderts „selvatico" genannt werden. — Entscheidend war hier, was Schiapparelli nicht erwähnt, daß nach der Erfindung der Sägemühle im 14. Jahrhundert im 15. Säkulum eine überaus wichtige konstruktive Neuerung sich durchgesetzt hatte, nämlich der Aufbau der Möbel aus Rahmenwerk und Füllung. An Stelle der Zimmermannsarbeit trat nunmehr die Schreinerkonstruktion. Auch der sogenannte Schwalbenschwanzverband kam damals auf (Abb. 19). — (Vergl. Rob. Schmidt a. a. O. S. 38—40, 46 und 70—72 und J. Brinckmann, Hamburgisches Museum für Kunst und Gewerbe, Beschreibung der Möbel und Holzschnitzereien S. 3—9).

[2]) Von Möbeln aus anderem Material, wie eisernen Bettgestellen, Lichthaltern und Trägern von Waschgeschirr (Abb. 51 und 58) oder marmornen Tischen und marmornen Wandbrunnen (Abb. 536.7) ist hier nicht die Rede.

[1]) In Inventaren sind sie viel zahlreicher als alle anderen Möbel. Vergl. Bode a. a. O. S. 29 sowie hier Abb. 4,5 und 35.

XVI

Wirkungen durch das Material selbst (nicht nur aber durch bunte Farben oder Einlagen) zu erzielen. Freilich auch jetzt tönte man das Holz und die Vergoldung einzelner Teile durch leichte Lasuren und stimmte sie harmonisch zueinander ab. Aber die durchsichtige Färbung verdeckte

12. Rom um 1475. Altarschranke. Marmor
Berlin, Kaiser Friedrich-Museum

nicht die Maserung, die Seele des Holzes, und mit dem stumpfen Glanz des Wachsüberzuges haben gut erhaltene Möbel dieser Art fast die Schönheit alt patinierter Bronzen[1]).

Zu Anfang der Epoche brachte man in der Wandtäfelung, an Truhen, Betten und anderem Mobiliar bunte Malereien oder Intarsien an; oder man überzog die Truhenwände mit flachen Stuckreliefs, die ganz vergoldet oder zum Teil bemalt waren[2]).

Vielleicht war diese Technik ursprünglich ein Ersatz für die kostbareren Kupferplatten, die vergoldet und emailliert die Heiligenschreine umgaben. — Auch Bespannung mit Stoff oder Leder scheint in früherer Zeit häufig gewesen zu sein; später beschränkte man sie bei Truhen auf die Füllung, wenn sie als Ausnahme noch verwendet wurde. Nur am Sitzmöbel gewinnt sie als Polsterbezug seit der Mitte des 16. Jahrhunderts immer mehr Bedeutung; während man sich vordem begnügt hatte, Truhen, Bänke und Stühle mit Decken und Kissen zu belegen.

Ein Fortschritt auf dem Wege sinngemäßer Materialbehandlung bedeutete die Verzierung durch Intarsien, die schon im 14. Jahrhundert bekannt — nach 1450 eine

[1]) Häufig ist diese Wirkung durch unverständige Restaurierung und neue Politur barbarisch zerstört.

[2]) Am längsten hält sich die Technik in Venedig, wo man sie zusammen mit schmalen blaugrundigen Arabeskenfriesen noch in der Mitte des 16. Jahrhunderts verwendet hat. Zur Herstellung benutzte man Hohlformen (Model), und der Ausdruck wurde, nur wo es nötig erschien, überarbeitet. Das wird durch das Vorkommen derselben Muster an mehreren Truhen bewiesen (vergl. 77, sowie Schubring, Cassoni S. 229 Nr. 44 und S. 232 Nr. 62).

reiche Ausgestaltung erhielten[1]). Ursprünglich benutzte man nur den einfachen Kontrast von heller Einlage auf dunkelbraunem Grund und geometrische Motive; dann wurden auch heraldische Formen, Bänder und Fruchtgehänge, Kandelaber, Füllhörner und Vasen, Rankenwerk mit Masken und Tieren, Putten und Fabelwesen verwendet. Die Hinzunahme verschiedener naturfarbiger und gefärbter Hölzer schuf eine nicht allzugroße Farbenskala zwischen gelb, grau, braun und schwarz; aber gerade diese Beschränkung reizte die Phantasie der Schaffenden; und als man die wirkungsvollen Effekte einfacher perspektivischer Verkürzungen und die Zweckmäßigkeit solcher Motive für das Holzmosaik erkannt hatte, gelangten diese rasch zu eigenartiger Blüte[2]). Figürliche Darstellungen wechselten nun mit Veduten und geöffneten Schränken mit allerlei Gerät, und gerade diese ersten Stilleben seit dem Altertum erfreuten sich — ihrer überraschenden Illusion wegen — großer Beliebtheit (Abb. 154/5). Die Mehrzahl solcher Darstellungen ist an Chorgestühlen und Lesepulten erhalten; fürs Privathaus sind sie nicht in gleicher Anzahl hergestellt worden und blieben hier in der Hauptsache auf Wandtäfelung und Truhenfront beschränkt. Das prächtigste Profanwerk dieser Art, das auf uns kam, ist das schon erwähnte Studio Federigo Montefeltros in Urbino; die

13. Rom um 1475. Altarschranke. Marmor
Berlin, Kaiser Friedrich-Museum

schönsten ornamentalen Intarsien mögen die im Collegio del Cambio zu Perugia und einige in Florentiner Kirchen (Abb. 195) sein.

[1]) Vergl. Demetrio Carlo Finocchetti: Della scultura e tarsia in legno dagli antichi tempi ad oggi. (Annali del Ministero di Agricoltura, Industria e Commercio) Firenze 1873, mit ausführlichem Verzeichnis der bekannteren Holzschnitzer und Intarsiatoren, S. 289—306.

[2]) Benedetto Dei erwähnt in seiner Chronik von etwa 1474, daß es damals vierundachtzig Holzschnitzer- und Intarsiatoren-Werkstätten in Florenz gegeben hat. (Schiapparelli a. a. O. S. 243.)

XVII

Die Intarsia[1]) darf als eine Zwischenstufe zwischen der malerischen Verzierung und architektonischen Ausgestaltung angesehen werden. Die Schnitzerei steht ihr nahe, wenn sie die Flächen füllt mit erzählenden Reliefs, aber sie nähert sich, wo sie Masken und Hermen, Eierstab und Kartuschen bildet, wiederum mehr baukünstlerischen Tendenzen. Zeitlich lösten Malerei, Intarsia und geschnitzte Verzierung nicht einander ab, kamen vielmehr lange gleichzeitig vor. Aber Malerei und Intarsia waren früher da und verschwanden zu einer Zeit, als die architektonische und bildnerische Ausgestaltung sich immer reicher und sinngemäßer entwickelte. Beim Kastenmöbel begann man mit der Profilierung von Sockel und oberem Abschluß. Dies ist schon bei allen intarsierten und bemalten Truhen in ausgesprochenem Renaissancestil selbstverständlich: aber diese horizontalen Glieder und andere, die die Fronten teilen, werden im Verlaufe der Epoche immer reicher und mannigfaltiger differenziert. Ziemlich früh setzte auch — unterstützt durch die Rahmenkonstruktion[2]) — die vertikale Gliederung, die Betonung tragender Teile und ihre Ausbildung in Pilaster, Hermen und Säulen ein. Später erscheinen bei Tisch und Schrank gelegentlich Konsolen unter der vorspringenden Platte, oder man bildet hier frei antike Gebälkformen nach. Die Stützbretter von Tisch und Stuhl werden ausdrucksvoller und reicher, ihre Form ausgeglichener und großartiger. Figürliche und ornamentale Schnitzereien sind keineswegs selten im 16. Jahrhundert; aber die wertvollsten Möbel dieser Zeit sind nicht die am reichsten dekorierten, sondern die durch edle Verhältnisse und beste handwerkliche Arbeit den kultivierten Geschmack der Blütezeit offenbaren. In mancher Stadt Italiens entstehen noch im 17. Jahrhundert Möbel von strenger Schlichtheit, deren wuchtige Massigkeit auch ohne Dekoration die späte Geburtsstunde verrät. Selbst wie im

14. Spätes 16. Jahrhundert:
Tapete aus bemalter Leinwand
Frankfurt a. M., Kunstgewerbe-Museum.

Zeitalter des Barock alle Formen der schwingend bewegten Linie des Zeitstils angeglichen werden, bleiben doch die wichtigsten Faktoren künstlerischer Wirkung dem italienischen Mobiliar erhalten.

Die Truhe

In Deutschland nennt man sie oft mit dem italienischen Namen „cassone", doch ist in der Renaissance auch die Bezeichnung „forziere" gebräuchlich gewesen[1]). Forziere bedeutet Kasten oder Koffer, und nicht selten mögen bis ins 16. Jahrhundert hinein dieselben Truhen im Hause und auf der Reise als Behältnisse, Sitzgelegenheiten und Lagerstätten gedient haben. Doch muß schon früh daneben eine Differenzierung, je nach der Bestimmung und der Wohlhabenheit des Besitzers, versucht worden sein. Der „Reisekoffer" mußte in erster Linie stabil, deshalb einfach in Form und Ausstattung sein, während die Haustruhe bewegteren Umriß und leichter verletzlichen Schmuck besitzen durfte. Besondere Typen bildeten sich hier durch den besonderen Zweck heraus: Die niedrige Truhe, die nur Behältnis war, erhielt einen überhöhten und verzierten Deckel[2]), die hohe Tischtruhe als Abschluß eine flache Platte. Die Form der Banktruhe berücksichtigte in erster Linie ein bequemes Sitzen, aber sie blieb zugleich Behältnis, und ein Teil des Sitzes konnte hochgestellt werden. Von den Truhen, die in erster Linie Behältnisse waren, wurde die sogenannte Brauttruhe am reichsten ausgeschmückt[3]). Sie pflegte die Ausstattung der Jungvermählten zu bergen, und ihre Verzierung nahm häufig Bezug auf den festlichen Anlaß; wenn nämlich

[1]) Eine Abart der Intarsia ist die in Ober-Italien übliche Certosina-Technik, bei der statt farbiger Hölzer weiße und getönte Beinplättchen eingelegt wurden. Stern und Kreis, mannigfach variiert, sind die wichtigsten, immer wiederkehrenden Motive; einzeln verstreut zieren sie Stuhlgestelle; zu reicherer Wirkung sind sie als Streumuster, Pfauenfedern und Ranken über Wände und Deckel von Truhen ausgebreitet. Der Name deutet an, daß man die Gegend von Pavia ursprünglich für die Geburtsstätte dieser eigenartigen Technik hielt, doch heute denkt man eher an Venedig, da der Einfluss islamischer Kunst unverkennbar ist (Abb. 403—405 und 86—88).

[2]) Vergl. S. XVI r.[1]).

[1]) Paul Schubring, dessen umfangreiches Werk: Cassoni, Truhen und Truhenbilder der italienischen Renaissance (Leipzig 1915) dies Gebiet behandelt und im besonderen die kulturgeschichtliche Bedeutung der Truhe und ihres Schmuckes grundlegend und erschöpfend darstellt, tritt — wohl mit Recht — für cassone als die im Quattro- und Cinquecento am meisten übliche Bezeichnung ein (S. 13 ff.), während Schiaparelli (a. a. O. S. 294 ff.) den Namen forziere für alle Truhen, cassone aber nur für hohe Tischtruhen gelten lassen will.

[2]) Innen waren die Truhen nicht selten mit Stoff verkleidet, auch die Deckel mitunter bemalt; Schubring berichtet (a. a. O. S. 15), daß von 600 Truhen, die er geöffnet, 400 eine Einrichtung besessen hätten; komplizierte Schubfächer und Geheimkasten wurden in ihnen gelegentlich angebracht.

[3]) Die prächtigsten Truhen standen auf einem ganz niedrigen Postament, das sie nach Proportion und Umriß architektonisch ergänzte. Für die Reise erhielten sie besondere Schutzkästen, wie die Brauttruhen der Paola Gonzaga (Schubring a. a. O. S. 355 ff.).

die Wappen des Ehepaars, Szenen aus der antiken Sage, wie das Paris-Urteil oder der Helenenraub, oder die Hochzeit selbst hier dargestellt wurden (Abb. 7, 96, 138).

Die ältesten Truhen (Abb. 69 u. 73) haben längliche, viereckige Kastenform, waren — besonders gilt das von Reisetruhen — von starken, mitunter bemalten Eisenbändern umschlossen, und haben eiserne Handgriffe an den Schmalseiten[1]). Dann kommt im 15. Jahrhundert eine an den Seiten leicht zurückspringende Form auf, deren weich geschweifter Grundriß an gotischen Linienrhythmus gemahnt (Abb. 89). Die Renaissance prägt dies Motiv kraftvoller aus; und gelegentlich kommt es auch im 15. und 16. Jahrhundert einseitig vor, wenn nämlich die Aufstellung der Truhe nahe einer Tür dies zweckmäßig erscheinen ließ (Abb. 121).

Viel bedeutsamer aber sollte die Einziehung des unteren Abschlusses werden, die ein bequemes Sitzen ermöglicht; denn die gefällige Form ging bald auch auf Truhen über, die lediglich als Behältnisse dienten. Das Profil dieser Möbel wird in der Renaissance immer ausdrucksvoller gebildet; der Einziehung unten mußte eine flachere unter dem Deckel entsprechen; die horizontalen Teile wurden klar von einander abgesetzt und immer wirksamer durch profilierte Leisten unterschieden, bis sich jene Form herausbildete, die heute als die typische des Sarkophages gilt (Abb. 91, 81, 124, 134/5, 140). Doch haben die marmornen Särge

15. Toskana 1585: Bronzeampel
Pisa, Dom

unter dem Einfluß antiker Denkmäler der Wandel beim monumentalen Steinwerk und bei dem Möbel, ohne daß die älteste Form endgültig aufgegeben ward[1]).

Malerei, die älteste Art der Verzierung, wie auch die wenig jüngere Dekorationsweise durch vergoldete oder bemalte Stuckreliefs[2]) kommt nur an diesen gradlinigen Truhen vor (Abb. 74—77). Ebenso die in der Lombardei gelegentlich geübte Beklebung der Fronten mit Holzschnitten, die leicht getönt oft Muster und Wirkung von Intarsien nachahmen[3]). Malerei wie Stuckrelief sind in früherer Zeit öfters Stoffen nachgebildet, mit denen man ja zu Ende des Mittelalters Truhen nicht selten behängte oder überzog. Das zeigt sich besonders deutlich, wo ein Motiv von quadratischer Grundform mit Schablonen aufgetragen sich als Rapport wiederholt (Abb. 73). Im Laufe des 15. Jahrhunderts erhält die gemalte Tafel und das Relief eine andere Bedeutung. Größere, zusammenhängende Darstellungen füllen nun immer häufiger die vordere Wand, oder vielmehr ihr Mittelfeld (Abb. 96), denn die Verselbständigung des Dekors und der neue Naturalismus der Darstellung erweckte das Bedürfnis nach einer kräftigen Umrahmung. So war die architektonische Gliederung der Truhe nicht nur Selbstzweck, sondern entsprach auch dem neuen Stil der Malerei[4]). Bei Truhen mit Intarsia-Verzierung (Abb. 90, 92 und 94/5) pflegt die Form in mehrere Felder geteilt zu sein, und bei oberitalienischen von etwa 1500 sind die gemalten Tafeln nur kleine Einlagen in der plastisch verzierten,

der Frührenaissance dieselbe glatte Kastenform wie die frühere Truhe gehabt, und fast gleichzeitig vollzog sich

vorhebt; während diesseits der Alpen solcher Metallschmuck plastisch aufliegt.

[1]) Handgriffe bleiben bis ins Barock auch bei reicheren Truhen üblich, ja sie kommen auch an Schränken vor. Das Schlüsselloch wurde gewöhnlich höchst primitiv — ohne daß auf die Verzierung Rücksicht genommen ist — eingeschnitten. Erst in der Mitte des 16. Jahrhunderts wird es bei den reichgeschnitzten Truhen häufig im offenen Maul einer Fratze angebracht. Die Schlüssel waren dagegen schon in früherer Zeit reich verziert, und gotische Schmuckmotive blieben am Griff bis in die Renaissance hinein üblich (Abb. 17). Der Metallbeschlag wurde besonders im nördlichen Italien oft zur Dekoration außen, wie an der Innenseite des Deckels umgebildet (Abb. 18). Er ist hier eingelassen — mitunter auf farbiger Unterlage, die die feine, durchbrochene Arbeit her-

[1]) Abb. bei Baum a. a. O. S. 223 ff. — Vasari spricht in der Vita Dello Delli (Milanesi II S. 148) von der Bemalung großer Holztruhen a uso di sepolture und Schubring (a. a. O. S.5) hat in einer langen Truhe den Leichnam eines Ritters gefunden.

[2]) Vergl. S. XVII.

[3]) (Abb. bei Schubring a. a. O. Taf. Nr. CLV.) Die Reste von großen Holzschnittdarstellungen lombardischer Herkunft lassen vermuten, daß man solche dort auch als Nachahmung von Wandmalereien, also als älteste Papiertapeten verwendet hat.

[4]) Es soll hier nicht erörtert werden, wie weit die Renaissancegemälde, die in Truhen und Täfelungen eingelassen waren,

reich geteilten Front (Abb. 83 4). Anders die jüngeren bolognesischen Kastenmöbel, deren helle Stuckeinlagen Intarsien nachahmen. Hier zeigt die Vorderwand eine durchlaufende, aber nicht mehr rapportmäßige Verzierung von reizvoll verschlungenen Akantusranken (Abb. 113).

Die Schnitzerei als Truhenschmuck war während des Mittelalters schon üblich gewesen; und Mobiliar mit gotischen Motiven, geometrischen Rosetten und figürlichen Darstellungen in Kerb- und Flachschnitt, besonders aus Oberitalien, ist in reicher Zahl erhalten[1]) (Abb. 99 und 100). Die letzteren erinnern bisweilen an den zum Abdruck bestimmten Holzstock. Das kräftige Hochrelief aber, das architektonische Funktionen auszudrücken hat, ist eine Schöpfung der Renaissance.

Der Schrein wird nun aufs mannigfaltigste mit Schnitzereien geschmückt. Man betont die Ecken durch diagonal gestellte Figuren oder durch pfostenartige Vorsprünge an der Front, bringt Hermen, Masken und Fratzen, Harpien und andere Fabelwesen, Putten und gefesselte Krieger[2]) hier an (Abb. 112, 116—118, 132 bis 134). Vollsaftiges Rankenwerk betont, die Fläche ganz bedeckend, die lagernde Tendenz der Truhe, oder aufsteigende Schilfblätter kämpfen in kraftvoller Aufwärtsbewegung gegen die Macht der Horizontale an, oder ein langgestrecktes Pfeifenmotiv unterstreicht mitschwingend die gewölbte Form (Abb. 108, 123 und 124).

Auch Formen des Steinbaus, wie Metopen oder Triglyphen ziehen sich über die Vorderseite, nicht zurückgebildet in den ursprünglichen Ausdruck des antiken hölzernen Gebälkes, sondern umstilisiert zu dekorativer, energievoller Flächenfüllung (Abb. 102). Oder die Hauptbetonung liegt in der Mitte, wo sich ein zierlich geschnitztes Wappen oder ein anderes Emblem bedeutungsvoll absetzt von dem glatten Spiegel (Abb. S. 106 u. 112). Wie eine Erinnerung an die gemalten Erzählungen durch ihre Raumillusion die flächenmäßige Geschlossenheit des Möbels und der Wandverkleidung unterbrachen. Auf jeden Fall waren sie in den monumental gehaltenen Räumen der Renaissance mehr am Platz als in modernen Zimmern. Doch ist es charakteristisch für den strengen Sinn der Hochrenaissance, daß sie auf das Truhenbild zugunsten der Schnitzerei mehr und mehr verzichtet hat.

[1]) Vergl. Lehnert a. a. O. I. S. 402 ff. und Rob. Schmidt a. a. O. S. 70/71.

[2]) Eine Nachahmung von figürlichem Schmuck antiker Triumphbögen kommen diese hauptsächlich an römischen Truhen vor.

erscheinen endlich die figürlichen Reliefs — meist Sagen und Historien des Altertums —, die die römischen Truhen des 16. Jahrhunderts bedecken (Abb. 125—132). Aber auch diese Füllungen erhalten fast immer durch die starke Betonung der architektonischen Gliederung, freiplastische Verzierung der Ecken und die starke Schattenwirkung der reichen Umrahmung das nötige Gegengewicht. Am frühesten ist dieser Truhentypus geschätzt und gesammelt worden, aber diskreteren Reiz besitzen jene Schreine des 16. Jahrhunderts, die ein schlichtes Motiv, wie die Teilung der Front durch verschiedengroße Felder, zu edelster Harmonie entwickelt haben, wo der Rhythmus der Teile die zarte Profilierung mit schmalen Streifen feiner Ornamentik und der Zusammenklang von unterem Abschluß und oberer Endung freilich nur Feinschmeckern ganz zum Bewußtsein kommt (Abb. 93 und 101).

Eine Spielart des monumentalen Möbels ist die sogenannte Schmucktruhe[1]), und ihre Ausgestaltung verläuft in mancher Beziehung der der größeren Schwester parallel. Der kleine Kasten aber pflegte auf Tischen oder Truhen zu stehen, diente niemals als Sitz und war deshalb nicht mit flachem Deckel versehen. Die älteren Exemplare haben vielmehr einen dachähnlichen Abschluß; die frühesten scheinen kleinen Reliquienschreinen nachgebildet zu sein; und in Nachahmung der Beinverzierung, die von der Künstlerfamilie der Embriacchi oft im 14. Jahrhundert gebildet worden war, überzog man die Flächen hier gern mit hellen Reliefs aus einer Reismasse (pasta di riso, Abb. 142 ff.). Die Darstellungen sind oft die gleichen wie auf den Malereien und Stuckreliefs der Truhen[2]). Jüngeren Datums sind die in Holz geschnitzten Kassetten mit breit ausladenden Profilen und wenig überhöhtem Deckel (Abb. 146, 148, 149). Die Ornamentmotive sind dieselben wie an Truhe und Kredenz, im 16. Jahrhundert ließ man zu reicherer Wirkung mitunter bunte Marmorplatten als Füllungen ein (Abb. 147).

[1]) Sie scheint verschiedenen Zwecken gedient zu haben (vergl. Bode a. a. O. S. 9); Schubring (a. a. O. S. 14 u. 211) weist nach, daß Silber- und Goldgerät und Geld auch in großen Truhen im Schlafzimmer verwahrt wurde. Auch Ludwig (a. a. O. S. 304 5) nimmt an, daß Wertgegenstände in schweren, eisenbeschlagenen Kästen (scrigni [Abb. 18) aufgehoben wurden und spricht die Schmucktruhen als Toilettekasten und Behältnisse an, die als casselle di banca da letto z. T. unsern Nachttischen entsprachen.

[2]) Vergl. Schubring a. a. O. S. 211 ff.

16. Venedig um 1575: Türklopfer aus Bronze

Die Cassapanca und der Thron

Da Täfelung keineswegs die Regel im Wohnhaus war, muß sich von jeher das Bedürfnis nach einer hölzernen Lehne für die Sitztruhe geltend gemacht haben. So entstand die Truhenbank und aus ihr entwickelte sich durch die Zufügung von Seitenlehnen und die architektonische Ausgestaltung der hinteren Wand im 15. Jahrhundert der Thron und wohl etliche Jahrzehnte später die Cassapanca. Der ältere Typus der Cassapanca hat Rücken- und Seitenlehnen von gleicher Höhe. Die Horizontale ist dadurch stark betont und der Gesamteindruck ungleich wuchtiger als bei der Truhe, zumal das Ausmaß nach Breite und Tiefe größer ist. Machtvoll lagernd wie monumentale Architektur und klar gegliedert wie ein offener Palasthof jüngerer Zeit mag die Cassapanca in manchem Saal der Renaissance die Mitte der hohen Wand aufs glücklichste betont haben. Am frühesten, doch bereits aus dem 16. Jahrhundert (Abb. 187 und 188), dürften unter den erhaltenen Stücken die ganz streng gebauten mit mäßiger Verzierung sein, deren Schönheit nur in ihrem Ebenmaß und der scheinbar selbstverständlichen Lösung der Aufgabe liegt. Denn die Cassapanca war — wie ihr Name andeutet — zugleich Sitzmöbel und Schrein; die Sitzfläche enthielt dessen Deckel. Aber mit Kissen und Decken belegt, war dies Möbel zugleich eine Vorstufe unseres Sofas und hat — das bezeugen Gemälde — gelegentlich das Bett der Dienerschaft ersetzt. Die Stufe war hier selbstverständlich. — Die Einziehung nach unten, die von der Truhe übernommen war, wurde mitunter im Profil störend empfunden, und die straffe Senkrechte der Seitenlehne ward bis zum Boden durchgeführt; oder — ein anderer Ausweg — man wiederholte den Rhythmus des unteren Ablaufs wenigstens an der inneren Front der Seitenlehne (Abb. 186). Neben bescheidener Anbringung von Schnitzereien — besonders an den vorderen Wangen — kommt als Verzierung dieser ernsteren Typen Intarsia in schmalen, unauffälligen Friesen vor. Dann setzte sich im Verlauf des 16. Jahrhunderts auch hier eine stärkere Ausprägung aller Teile und eine Bereicherung des bildnerischen Schmuckes durch. Die Rückwand erhielt mitunter eine prächtige Bekrönung durch Ornamente, Wappen oder freiplastische Figuren; die Seitenlehnen wurden auch an der Außenfront stark geschweift und die Einziehung des Sockels war entschieden betont. Bisweilen wirken diese Arbeiten unruhig, ja überladen und erscheinen als eine Verwilderung des Geschmacks

neben dem monumentalen Beieinander ebenbürtiger Massen, wie sie der schlichtere Typus darstellt. Wo aber die Verzierung — prächtig ausgestaltet — sich nur auf wenige Teile beschränkt und von dem Rhythmus der Architektur gebändigt wird, verbildlicht grade die Cassapanca der Hochrenaissance das Formideal dieser Epoche: den ausgeglichenen Zusammenstoß leidenschaftsvoller Energien (Abb. 184 und 193).

Unter dem Thron verstand man in jener Epoche nicht nur den Fürstensessel mit bekrönendem Baldachin, sondern auch den durch Größe und Schmuck betonten Ehrensitz des Hausherrn und seiner Gattin. Typisch für ihn ist gegenüber der Cassapanca die sehr viel höhere Rückenlehne, für die eine architektonische Ausgestaltung selbstverständlich ist. Im 15. Jahrhundert beschränkt sich diese auf seitliche Pilaster und gebälkartigen Abschluß, während die Mitte durch Intarsien verziert ist. Der Sitz ist mitunter an den Seiten abgeschrägt oder für sich gearbeitet (Abb. 176 u. 172), und die Massenverhältnisse zwischen diesem und der Lehne sind — selbst bei Prunkstücken wie dem Thron Filippo Strozzis (jetzt in der Sammlung von Rothschild in Paris[1]) noch nicht von der Ausgeglichenheit und Kraftfülle wie die wenig jüngeren Cassapancae. Die Hochrenaissance aber bringt auch hier den Ausgleich. Seitenlehnen werden angebracht und Säulen, die auf ihnen stehen, tragen das Gebälk, dessen Vorkragung dadurch nötig wird (Abb. 173). So ist der Sitz von einem sinngemäßen Gerüst fest umschlossen. Zudem wird die obere Wand durch Pilaster gegliedert, und wie bei allen Möbeln tritt Schnitzerei als ausdrucksvoller Schmuck hinzu.

Das Vorbild für den Thron hat ein Kirchenmöbel, der Bischofsstuhl, geliefert, und schon in halbgotischer Form ist er zu Beginn der Renaissance in Italien anzutreffen[2]. Es ist bezeichnend, daß er hier, wie noch im 16. Jahrhundert, im Schlafzimmer steht; denn dieses war zugleich ein repräsentativer Wohnraum, in dem man Gäste zu empfangen pflegte (Abb. 41).

Der Schrank

Während des Mittelalters hat es dies hölzerne Kastenmöbel in Italien wohl nur in Sakristeien, Rat- und Zunfthäusern gegeben; in der Wohnung ward es durch die Truhe, die Wandnische, das Bortbrett und einfache Ge-

17. Schlüssel von Kredenzen und Truhen
Berlin, Kaiser Friedrich-Museum

[1] Abb. bei Bode a. a. O. Taf. XIII.

[2] Auf einem Predellenbild des Carrand-Meisters im Museo Buonarroti in Florenz.

stelle, die man mit Tüchern behängte, ersetzt. Erst im
15. Jahrhundert scheint der Schrank — wohl durch die
Ausgestaltung des Betpultes im Schlafzimmer — auf-
gekommen zu sein; und überraschend schnell bildeten
sich dann — je nach der Bestimmung   verschiedene
Typen heraus. Für Kissen und Decken, Gewänder und
Wäsche, gelegentlich auch für Kostbarkeiten [1]), blieb die
Truhe noch lange das bevorzugte Behältnis; aber für
Geschirr und mancherlei Gerät benutzte man nun auch die
tischhohe Kredenz oder den zweigeschossigen Schrank.

Bald ward der obere Teil von diesem reich gegliedert:
Abteilungen mit Türen wechselten hier mit Schubfächern
verschiedener Größe ab, und eine niederfallende Klappe
verbarg gewöhnlich diese kleine Welt. Diese Kabinettschränke, die im 16. Jahrhundert auch diesseits der
Alpen beliebt wurden, haben doch wohl in der Hauptsache zur Aufbewahrung von Dokumenten und kleinen
Kostbarkeiten, in Ausnahmefällen auch als Schreibtisch
gedient [2]). Eine vierte Gattung war endlich der Bücher-
schrank (libreria), dessen Oberteil mitunter durchbrochene,
etwa gegitterte Füllungen besaß, oder in guter architektonischer Ausgestaltung als Regal gebildet war [3])
(Abb. 270).

Die Kredenzen sind in Ausmaß und Gliederung viel
verschiedener als die Truhen, und ebenso sehr wie die
Durchbildung bestimmt die Proportion den ersten Eindruck. Neben ganz breiten, von schlichter, fast robuster
Form, die wie wuchtige Sockel schwerfällig vor der
Wand lagern (Abb. 201/2 und 240), gibt es ganz schmale,
fast pfeilerartige, die auf Löwenklauen stehen und den
Charakter der Schwere ganz zu verleugnen suchen (Abb.
214 und 221). Bei den dazwischen liegenden Möglich-
keiten breiter und schlanker Proportionierung ist entweder
durch derbe Gestaltung der Flächen und Profile die
Illusion ruhender Massigkeit oder durch vielfache reiche
Ornamentierung eine Auflösung des Flächenmäßigen,
eine Negierung der bedrückenden Raumfüllung angestrebt.
Auch die Verkragung der Platte über dem tragenden
Körper und das Verhältnis zwischen diesem und dem
unteren Ablauf ist in jedem Fall von Bedeutung (vergl.
Abb. 223 und 225).

Nur ganz ausnahmsweise spielt die Malerei bei diesem
spätentstandenen Möbel eine Rolle (Abb. 271), und
überaus selten ist eine reiche Verzierung durch Intarsien
anzutreffen, nur als schmale Friese, die diskret die Felder

[1]) Vergl. Schubring a. a. O. S. 14.

[2]) Mir ist kein Gemälde bekannt, das diese Verwendung
beweist; und die überaus zahlreichen Darstellungen von
schreibenden und lesenden Evangelisten, S. Hieronymus und
andern Heiligen, sowie profanen Schriftstellern und Dichtern
zeigen diese   auch in Holzschnitten — stets an flachen
Tischen oder Schreibpulten mit schräger Platte sitzend. An-
dererseits spricht Vasari von einem „scrittoio", der nach der
Beschreibung die Form eines Kabinettschrankes gehabt zu
haben scheint. Deshalb ist bei den Abbildungen hier der
gebräuchlichere Name Schreibschrank beibehalten worden.

[3]) Das schönste Exemplar im Besitz des Fürsten Liechten-
stein im Schloß Eisgrub (Abb. Bode a. a. O. Tafel XXIV).

rahmen, sind sie häufiger. Als die Kredenz sich ihren
Platz im Wohnhaus erkämpfte, war der farbenfrohe Stil
der Frührenaissance bereits von einem mehr auf das
Architektonische gerichteten Geschmack abgelöst. Die
Ausgestaltung durch Bauformen und die Vorherrschaft
der Schnitzereien war damals in den meisten Teilen
Italiens bereits selbstverständlich geworden. Mitunter
betonte man einzig Sockel und oberen Abschluß sowie
die Felder der Türen durch feingezeichnete Profile und

18. Norditalien oder Südtirol 15. Jahrhundert:
Truhe mit Intarsien und Metallbeschlag
Berlin, Schloß-Museum

schmale Ornamente (Abb. 203 und 220). Oder man hob
die Ecken, oder auch die Mitten hervor durch Pilaster,
Säulen, langgestreckte Voluten oder hermenartige Bildungen (Abb. 205, 214 und 224). Man überzog die Tür-
felder und andere Füllungen mit klaren, strengen Flächen-
ornamenten (Abb. 223) oder man umgab diese Füllungen mit leicht verschnörkelten Rahmen und eigenartigen Bekrönungen. Oder man häufte die Motive im
Ausgange des 16. Jahrhundert, brachte Säulen neben
Pilastern an (Abb. 207 und 217), flocht Masken, Fratzen,
Löwenköpfe in die reiche Verzierung (Abb. 233); legte
Konsolen in ebenmäßiger Reihe nebeneinander als Stützen
der bekrönenden Platte, oder benutzte sie, in rhyth-
mischem Wechsel angeordnet, zur Hervorhebung der
Flanken und der Mitte (Abb. 208). Häufig sind hinter
ihnen und dem durchlaufenden Ornament unter der
Platte Schubfächer verschwiegen angebracht. Die halb-
kugeligen Knäufe und kleinen ringförmigen Zieher an
Türen und Schubladen sind meist aus Bronze, aber
dunkel patiniert fügen sie sich ganz dem warmen,
dunklen Gesamtton ein.

Die zweigeschossigen Schränke pflegen oft weniger
reich verziert zu sein, was vielleicht durch ihre Aufstel-

lung in Vor- und Nebenräumen zu erklären ist. Bedeutsam ist bei ihnen das Verhältnis zwischen Ober- und Unterteil und die Art, wie durch das gliedernde Rahmenwerk die Teile, die über- und nebeneinander liegen, klar und entschieden zusammengefaßt sind. Die Dekorationsformen sind die gleichen, wie bei den einfacheren Typen der Kredenz; nur ist der größeren Höhe gemäß der obere Abschluß breiter und wuchtiger gebildet. (Abb. 241—246 und 255—257.)

Überaus prächtig wurden hingegen die Kabinettschränke ausgebildet. Der untere Teil ist nicht immer ein geschlossener Kasten, über dem der Aufsatz von gleicher Breite oder wenig schmaler emporsteigt; mitunter genügen geschnitzte konsolartige Seitenteile mit glatter Rückwand und flachem Aufsatz als Träger. So bei dem Kabinettschrank aus Mantuaner Besitz im Victoria- und Albert-Museum zu London (Abb. 259—261), dessen Deckplatte, Schubladen und Türen aufs reichste mit Intarsien verziert sind. Solch malerischer Schmuck bei schlichtem Aufbau ist seltene Ausnahme. Ein Kabinettschrank, dessen geschlossener Unterbau reiches Grotesken-Ornament in zwei Füllungen und auf den Schubfächern des Oberteils flatternde Bänder mit Inschriften, alles in Intarsia, sehen ließ, war auf der Auktion Bardini 1902 (Abb. i. Kat. Nr. 578). — Um so zahlreicher aber die jüngeren reliefierten Typen. Unter ihnen fallen wieder die älteren aus Toskana, die diskret mit schmalen Schmuckleisten besetzt oder nur mit architektonischen Zierformen versehen sind, durch ihre stille, strenge Schönheit auf (Abb. 263 und 262). Häufiger aber ist die reichere Schnitzerei. In flachem Relief überzieht sie bei lombardischen Möbeln alle Flächen (Abb. 267), durchaus symmetrisch; oder dies damals fast selbstverständliche Prinzip wird kühn durchbrochen — wie bei dem Schranke Paul III. (Abb. 264), oder neben glatte Mittelfelder werden in der Lombardei zur Betonung der Außenkanten Hermen gestellt (Abb. 265), oder eine Fülle fast freiplastischer, kleiner Gruppen sind bei toskanischen Schränken hier übereinander und unter der Deckplatte angebracht, eine breite und unruhige Konsole bildend (Abb. 266). Auch die Leisten, die herausgezogen die niedergelegte Klappe stützen, gehen nach vorn in solche Gruppen aus. Die Virtuosität des Bildschnitzers feiert hier Triumphe; aber die geschlossene Wirkung, die edle Harmonie italienischer Möbelkunst ist in diesen überladenen Werken nicht mehr vorhanden. Der Wunsch, das Behältnis von Kostbarkeiten besonders prächtig auszubilden, hat hier oft zu unleugbarer Entgleisung geführt. Grade bei diesem Prunkmöbel entdeckt man um 1600 eine entschiedene Verwilderung des italienischen Geschmacks.

Das Bett

Schlafzimmer und ihr wichtigstes Inventar sind seit dem 14. Jahrhundert immer wieder gemalt und in Reliefs dargestellt worden (Abb. 3–5 und 35—43). Die Geburt Mariä und Johannis, die Verkündigungsszene, wunderbare Heilungen und Traumvisionen bedurften solchen Milieus. Durch diese Schilderungen ist man über das Bett der italienischen Renaissance genau unterrichtet, obwohl nur ganz wenige Originalmöbel dieser Gattung erhalten blieben. — Im Palast und im bemittelten Bürgerhaus war die Bettstatt im 15. Jahrhundert ziemlich hoch; die Füße blieben unsichtbar, denn an den Längsseiten waren je zwei Truhen und mitunter auch am Fußende eine solche dicht herangeschoben, so daß sie eine Stufe bildeten, über die man zum Lager gelangte; zugleich wurden sie auch als Sitzmöbel benutzt[1]). Sie sind immer von einfacher Kastenform und flach profiliert, aber der reiche Besitzer ließ Intarsien hier anbringen, oder wohl gelegentlich auch Malerei[2]). Im 15. Jahrhundert befand sich bisweilen unter dem Lager ein flacher Kasten von annähernd gleicher Größe (carriola oder lettucino genannt), der vom Fußende her leicht herauszuziehen war und als Ruhestätte bei Tage gedient zu haben scheint[3]). In der Regel ragte das Bett mit dem Kopfende an der

19. Venedig nach 1500: Truhe mit Samtbespannung
Leipzig, Kunstgewerbe-Museum

Wand in das Zimmer hinein; doch kommt auch die Aufstellung längs der Mauer, ja die Anbringung des

---

[1]) Beispiel im Palazzo Davanzati (Abb. 59) und in der Villa Palmieri bei Florenz (Abb. bei Hunter a. a. O., Taf. 4).

[2]) In Inventaren kommen öfters bemalte Betten vor, und ein solches ist im Ospedale del Ceppo in Pistoia erhalten (Abb. 273).

[3]) Vergl. „L'Arte e la Case" in Rassegna d'Arte antica e moderna VII (1920) S. 53. ff., wo auch ein lettucino auf einem

Fresko in Fossombrone abgebildet ist. Bandello erwähnt das lettucino in seiner 5. und 40. Novelle mit der Bemerkung, es sei in Toskana in Gebrauch gewesen. Es kommt auch im Brautschatz der Bianca Maria Sforza und einem Inventar des Grafen di Challant in Val d'Aosta vor. — Nicht zu verwechseln mit der carriola ist das Kinderbett und die Wiege (Abb. 278 ff.).

Lagers in einer Nische vor [1]). Doch fehlt hier ebenso-
wenig die Truhenstufe wie an Konstantins Bett im
Kriegszelt auf Piero della Francescas Fresko zu Arezzo; so
selbstverständlich gehörten beide Möbel zueinander. Auch
in den Schlafräumen der armen Bevölkerung sind sie
vereinigt, selbst wo das Lager nur aus einem breiten
Brett auf zwei hölzernen Böcken bestand [2]).

Die Stützwand zu Häupten (superiore), von jeher höher
als die zu Füßen (postergale), ward mehr und mehr der
Rückenlehne des Familienthrones ähnlich in Ausmaß,
Gliederung und Verzierung. Sie ward dadurch zu einem
selbständigen Bauteil, während sie früher wohl von
gleichem Aussehen wie die umgebenden Truhen gewesen
war (Abb. 38 und 59). Auch hier wurden seit dem 16. Jahrhundert Schnitzereien, die sich mitunter flacher am Fußende wiederholten, angebracht, ja gelegentlich ein Teil
des superiore in eine Arkadengalerie aufgelöst (Abb. 275).

Nach 1500 kamen die Bettruhen aus der Mode; und
da die Bettfüße nun sichtbar wurden, bildete man auch
sie in geschnitzte Baluster um. Mitunter führte man
sie später auch zur Betonung der Ecke säulenartig weiter
empor, mit einem Pinienzapfen als Bekrönung (Abb. 277).
Die Bettstatt hatte durch den Verlust der Truhen das
Breitgelagerte verloren und wirkte mehr wie ein auf-
strebendes Gerüst. Reicher und vielartiger wurde jetzt
auch der Betthimmel gestaltet, der schon auf Bildern
des 15. Jahrhunderts öfters vorkommt, von gleichem
Grundriß wie das Bett an einem Gestell befestigt, oder
herabhängend von einem weiten Ring, der an der Decke
festgemacht war [3]). Im 16. Jahrhundert wurden die vier-
eckigen Gestelle marmornen Tabernakeln frei nachgebildet, mit edlen Säulen, wohl abgewogenem Gebälk
und einer Kassettendecke versehen. Auch figürliche
Schnitzereien bringt man hier als Bekrönungen an [4]).
Daneben ist freilich noch ein ganz anderer Typus nach-
zuweisen: ein glattes Gestell, das ganz mit Sammet
oder anderen kostbaren Stoffen bezogen ist, so daß
das hölzerne oder Metallgerüst völlig verdeckt ist.

[1]) Auf einer Geburtsszene des Carpaccio in der Accademia
Carrara zu Bergamo und hier Abb. 4. Auch der bemalte
Alkoven aus Holz von Federigo da Montefeltro im Schloß
von Urbino (vergl. Schubring a a. O. S. 340 Nr. 500) unten
marmorartig, oben mit Bäumen, muß hier genannt werden.

[2]) Eine eigenartige Bettform ist durch ein Fresko Domenico
di Bartolos im Hospital S. Maria della Scala zu Siena über-
liefert. Die Tragbahren sind hier am Kopf und Fußende
durch halbhohe, starke Standbretter hindurchgesteckt, daß
die Handgriffe hervorragen. Bei der Reihenanordnung der
Betten fehlen hier selbstverständlich die Truhen (Abb. 34).

[3]) Vergl. Abb. 41, wo beides vereinigt ist. — Steht das
Bett längs einer wenig breiteren Wand, wie auf Fra Angelicos
Predellenbild der Wunderheilung durch St. Cosmas und Damian
in der Florentiner Akademie, hängt der Vorhang an einer
Stange, die an den gegenüberliegenden Längswänden des
Zimmers befestigt ist.

[4]) Das schönste Bett in dieser Art ist das auf Sodomas
Fresko: Die Vermählung Alexanders mit Roxane in der Farnesina zu Rom und beachtenswert die auf Scarsellinos Wochen-
stuben (Abb. 42 und 43).

Auf den Vorhängen breiten sich hier mitunter wirkungs-
volle Stickereien aus, deren Zeichnung von berühmten
Malern entworfen ward [1]). Nicht unerwähnt darf endlich,
gerade bei diesem Möbel, die Inneneinrichtung bleiben.
Den hohen Kissen zu Häupten entsprach mitunter ein
solches am unteren Ende [2]). Die Leinenbezüge waren
einfarbig, bunt oder mit Goldfäden bestickt und mit
Spitzen eingefaßt, und über die bunten, wollenen oder
seidenen Schlafdecken ward bei Tage eine besonders
kostbare ausgebreitet. Wiederholte Verbote gegen den
raffinierten Luxus scheinen wenig gefruchtet zu haben.
Man darf nicht vergessen, daß das Bett, ebenso wie die
Truhe, Ausstattungsgut gewesen ist, und daß vornehme
Damen ihre Gäste nicht nur im Schlafzimmer, sondern
sogar in prächtiger Kleidung im Bette ruhend empfingen.

Der Tisch

Auf Abendmahlbildern und andern biblischen und
profanen Darstellungen sind häufig Tische verbildlicht
worden. Die meisten sind von primitiver Form: zwei
oder drei Böcke mit breiter Platte, über die ein Tisch-
tuch gebreitet ist [3]). Sie erscheinen wie provisorische
Gebrauchsstücke, die für Gastereien rasch aufgestellt
wurden, und sind nur ausnahmsweise Möbel von künstlerischer Bedeutung. Von diesem Typus sind originale
Stücke natürlich nicht erhalten [4]); um so zahlreicher aber
langgestreckte, vieleckige oder runde aus dem 16. und
17. Jahrhundert, die sinngemäß aufgebaut und mehr
oder weniger prächtig ausgestattet sind.

Die Vorliebe für geschlossene Flächen ist auch hier

20. Kleine Truhe. Aufsatz einer Kredenz um 1600
Leipzig, Kunstgewerbe-Museum.

bedeutungsvoll gewesen, und antike Marmortische boten
sich als unmittelbare Vorbilder an (Abb. 22). Statt
runder oder eckiger Füße dienten ihnen breite skulpierte
Steinbretter als Träger; man hat sie in Stein kopiert,

[1]) Solch Bett mit Stickereien angeblich nach Pierino del
Vaga Zeichnung, heute im Besitz des Grafen Sormanni, ist in
der Gazette des B. Arts 1876 und in der Rassegna d'Arte a. a. O.
S. 54 veröffentlicht.

[2]) Abb. Rassegna d'Arte a. a. O. S. 52 u. a. O.

[3]) Besonders deutlich auf Sodomas Fresko: Das Topfwunder
des H. Benedikt in Monte Oliveto bei Buonconventi; aber
auch auf Lionardos Abendmahl und andern Darstellungen
dieser Szene deutlich erkennbar.

[4]) Interessante Übergangsformen sind die Tische Abb. 282
und 283.

oder häufiger in Holz ausgeführt und hier dem andern Material gemäß umgebildet[1]). Zunächst im 15. Jahrhundert in schlichter Ausführung als vasenartige Formen, ohne plastische Innenverzierung (Abb. 284 ff.). Der einzige und deshalb überaus wirksame Schmuck war der verzierte Umriß. Dann fügte sich auch hier in immer reicherer Ausgestaltung geschnitzte Reliefierung ein. Zugleich ward der Umriß vielartiger; neben vasenartigen Formen kommen in Anlehnung an römische Marmortische Standbretter mit phantastischen Kombinationen von Voluten, Akantuslaub, Tierformen und Fabelwesen, die Anbringung von Wappen, Pinienzapfen und andern Ornamentmotiven auf (Abb. 297 ff.). Eine Fülle von Möglichkeiten war hier gegeben und ward genützt. Fast durchgehend sind diese Standbretter breiter und entsprechen dadurch in ihrem Aussehen noch mehr als die älteren ihrer Bestimmung, die schwere Platte zu stützen; während der bewegte Umriß und die Schnitzerei oftmals zu gleicher Zeit die tragende Kraft und die Belastung zum Ausdruck bringen. Wie beim griechischen Tempel und beim mittelalterlichen Dome ist bei den glücklichsten

21. Mittelitalien nach 1550: Kleine Bank
Darmstadt, Landes-Museum

Kompositionen auch hier, freilich mit ganz anderen Motiven, die Funktion des Tragens und Auflagerns verbildlicht worden.

Fast ebenso mannigfaltig wie die Stützen werden die Querhölzer, die sie verbinden und ein Ausweichen hindern sollen, geformt (Abb. 301 ff.). An der oberen oder der unteren Kante ausgeschweift oder dasselbe Profil an beiden Seiten wiederholend, werden sie dicht unter der Platte, öfter in halber Höhe, angebracht.

Bei den älteren Typen, die den Aufbau aus mehr oder weniger verzierten Brettern am deutlichsten zum Ausdruck bringen, ist das Querholz durch das Standbrett gesteckt und mit einem Keil festgehalten[2]) (Abb. 284 ff.). Bei den reicheren Formen begnügt man sich, sie einzulassen, ohne daß sie außen sichtbar werden. Mitunter tritt an die Stelle des Querholzes eine schmale Stufe, die dem Boden aufliegend, die Standbretter an ihrem unteren Ende verbindet. Durch die Gleichartigkeit mit der Platte ist hier das Lagernde des Tisches und der architektonische Zusammenschluß besonders glücklich betont. Man steigert diesen gelegentlich noch durch die Anbringung einer Säulen- oder Balusterreihe über der Stufe, so daß auch die Ansicht der Längsseite reicher und überaus prächtig wird (Abb. 312/3 und 316).

Daneben sind auch von jeher freistehende Pfeiler, dann auch Baluster und Säulen als einzige Stützen verwendet worden, und je nach dem Ausmaß der Platte, der Wucht oder Zierlichkeit ihrer Träger und der Anbringung der Verbindungsstücke zwischen ihnen ist der Charakter dieser Tische überaus verschieden. Beachtenswert ist bei allen — auch den obengenannten — die Profilierung der Platte und die gelegentliche Anbringung von Schubfächern unter ihr. Diese betonen in ihrer Gesamtheit das Lasten der Horizontale, aber teilen sie auch in gleichen Abständen oder in wechselvollem Rhythmus (Abb. 294, 316 und 322).

Sind diese Tische von gleicher Breite und Tiefe, bilden sie unversehens einen Übergang zu denen mit vieleckiger oder runder Platte, denn die Gestelle sind oft die gleichen. Eine noch reichere Vielartigkeit ist hier anzutreffen. Denn eine einzige Stütze kann, als Pfeiler oder Baluster gebildet, die Mitte betonen (Abb. 354/5 und 352/3), und diese kann von geschlossener Form mit freiplastischem Schmuck umgeben oder ganz aus solchem gebildet sein. Oder ein Kranz von Stützen steht direkt hinter dem Außenrand, in lockerer Reihe oder dicht aneinander gerückt, daß wiederum eine gewisse Geschlossenheit zum Ausdruck kommt (Abb. 337/8 und 347). Oder Standbretter, ähnlich denen der langen Tische, treffen in diagonaler Anordnung in der Mitte zusammen (Abb. 340—345). Dazu sind bei allen Typen runde, sechs- und achteckige Platten anzutreffen, und ihre Form oben stimmt nicht immer mit der Gliederung der Stützen überein; wenn etwa eine sechseckige Platte von vier Standbrettern getragen wird. Diese selbst können schlank und aufstrebend oder zusammengedrückt und wuchtig

---

[1]) Die Außenseiten der Standbretter sind oft reicher reliefiert als die der Mitte des Tisches zugewendeten. In der Regel sind es zwei; bei langen Tischen kommen auch drei oder mehr Standbretter vor. — Übrigens sind die Standbretter in anderer Form auch in der zisalpinen Gotik an Tischen häufig.

[2]) Ausnahmsweise ist die Zarge zum Herausziehen eingerichtet und ein Geheimfach hier angebracht; so an einem Tisch in der Sammlung Bagatti-Valsecchi zu Mailand (Abb. bei Malaguzzi-Valeri a. a. O. S. 104). Der unlängst erschienene Katalog dieser Sammlung von Pietro Toelsca (Milano) ist mir leider nicht zugänglich geworden.

wirken und wie beim langen Tisch ihre stärkste Aus-
ladung oben oder unten haben (Abb. 351 und 357). Die
gereihten Stützen können, wo sie auf säulenartige Form
verzichten, als Pfeiler die Senkrechte durch ihre Gestaltung betonen, oder als flache Voluten mit Löwenklauen erscheinen (Abb. 347). Das Querholz wird bei
ihnen zum vieleckigen oder runden Kranz, oder es verbindet die Füße in kreuzförmigem Grundriß (Abb. 329
bis 336). Dann pflegt mitunter in der Mitte noch ein
Fuß hinzugefügt zu sein (Abb. 334). Muß dieser hingegen als einzige
Stütze dienen, wird
er stabiler gebildet
und ladet kräftig nach
unten aus, um seine
Standfläche zu ver-
breitern (Abb. 358
ff.). Gemeinsam aber
ist allen diesen so
überaus verschiede-
nen Tischen sinnvoller
Aufbau und reicher
Rhythmus.

Als Übergangs-
form zwischen Tisch,
niedrigem Schrank
und dem formver-
wandten Betpult[1]),
erscheint häufig der
Schreibtisch, der viel
mehr durch Darstel-
lungen von studieren-
den Heiligen und
Dichtern als durch

22. Hellenistisch-römischer Marmortisch
Pompeji

mit breitausladender Platte, die viel mehr als die Prunk-
tische Gebrauchsmöbel gewesen sind. Denn zwischen
den wenig verzierten Standbrettern oder in denselben
sind Schubfächer und Schranktüren angebracht, so daß
ein Kastenmöbel, an dem man sitzen konnte, als neuer
Typus geschaffen war (Abb. 363/4).

Bank und Stuhl

Wie der größte Teil einfachen Hausmobiliars sind
auch die schlichtesten Sitzmöbel des 15. Jahrhunderts
nicht in Originalen
erhalten, vielmehr nur
durch Gemälde be-
kannt. Das gilt von
der Bank[1]), wie auch
vom Stuhl. Die mit
Schnitzerei verzier-
ten Bänke jüngerer
Zeit, die auch in
Kunstsammlungen
nicht allzu häufig sind,
dürften in der Haupt-
sache aus Sakristeien
und Klöstern stam-
men, aber ihr Typus
widerspricht nicht der
Verwendung im öf-
fentlichen oder priva-
ten Profangebäude.
Von der Truhenbank
unterscheiden sie sich
durch den Zweck
sie sind lediglich zum
Sitzen da — und in-

erhaltene Originalmöbel bekannt ist[2]). Carpaccio freilich
läßt den H. Hieronymus (Abb. 44) auf schlichter Bank vor
einer großen Platte sitzen, die auf kleinen Wandkonsolen
ruht und auf der andern Schmalseite einen schlanken
Metallkandelaber als Stütze sehen läßt. Aber viel
häufiger ist das geschlossene, oben schräge Sitzpult, das
im einzelnen variiert, immer den Eindruck vollkommener
Zweckmäßigkeit und harmonischer Verhältnisse macht
und mit den benachbarten Büchergestellen wie ein idealer
Arbeitsplatz erscheint (Abb. 6 und 40).

Eine andere Überleitung vom Tisch zur Kredenz bilden
die nicht allzuhäufigen freistehenden, kleinen Schränke

folgedessen auch durch die Form, nämlich größere
Durchsichtigkeit: Die Tragflächen unter dem Sitz sind
einzelne Stützen, viereckige oder runde, und in der
Gliederung sehr verschiedenartig. Ebenso ist die Lehne
oft durch eine Balusterreihe gebildet, zwischen die man
bei größerer Länge Pfosten eingeschoben hat (Abb. 190).
Ausnahmsweise kommen auch statt der Füße konsolartige
Träger mit starker Rückwand vor (Abb. 179). Sonst
ändert die Verschiedenheit der Gliederung und Verzierung nicht allzusehr den Gesamteindruck dieser
Möbel, weil die Grundform gegeben ist und die horizontalen Abschnitte die gleichen bleiben; es wechselt
einzig die Länge der Bank. Auf den kleinsten haben
höchstens zwei, auf den ganz langen mehr als zwanzig
Personen nebeneinander Platz (Abb. 21/22 und 191).

Ganz anders die stuhlartigen Möbel, die, von verschiedenen Typen des Mittelalters abgeleitet und je
nach ihrer besonderen Bestimmung, überaus verschieden
untereinander sind. In massiger Schwere steht der

---

[1]) (Abb. 248.) Manche kleine Kredenz war ursprünglich ein
Betpult, an dem Kunsthändler — um es leichter zu verwerten —
die Stufe durch einen schmaleren Sockel ersetzt haben. Ein
besonders eigenartiges, breites Betpult in Villa Pia bei Florenz
ist einem dreitorigen antiken Triumphbogen frei nachgebildet.

[2]) Der Schreibtisch Savonarolas in S. Marco zu Florenz
wäre ein überaus wichtiges Denkmal dieses Typus, wenn er
wirklich schon dem berühmten Dominikaner gedient hätte.
Zu den einfachsten Schreib- und Lesepulten gehören die in
Masolinos Kirchenväterfresken im Baptisterium von Castiglione
d'Olona: Schmale steilgestellte Kisten mit schräger Schreib-
platte und abgerundeter Öffnung an der Längsseite für die Knie.

[1]) Eine ganz einfache Bank mit vier Pfeilerfüßen z. B. auf
Ghirlandajos Fresko: Der Tod der hl. Fina in San Gimig-
nano; eine mit einfachen Standbrettern einst im Palazzo
Davanzati (Abb. bei Hunter Taf. 27).

Sessel (poltrona) zwischen den Truhen längs der Wand. Verwandt ihm in monumentaler Wirkung, doch etwas leichter beweglich erscheint der Stuhl (sedia); aber das eigentliche Gebrauchsstück im Bürgerhaus war durch die Jahrhunderte hindurch der Schemel (sgabello) in seiner einfachsten Form. Er pflegt aus drei oder vier sperrig gestellten Beinen und einer runden oder vieleckigen Platte zu bestehen. Auf Gemälden des 15. Jahrhunderts ist er überaus häufig[1]); aber nur ein Original dieser Art ist erhalten, der Strozzischemel in der Sammlung Figdor zu Wien. Im Gegensatz zu dem Urtypus ist er mit feinen Intarsiafriesen verziert und mit einer Lehne versehen, die ein Rundrelief bekrönt (Abb. 380/82). In derberer, fast bäurisch anmutender Form kommt dieser Typus öfters in Oberitalien vor, mit etwas breiterer Lehne, die eigenartig profiliert und mit Kerbschnitzerei aufs reichste verziert ist (Abb. 381, 373/4). Doch ist auch diese Gattung in der Lombardei zu reizvoller Zierlichkeit umgestaltet worden mit gedrechselten Füßen und zarten Beineinlagen in der Lehne (Abb. 375).

Als eine jüngere Abwandlung erscheint daneben der sogenannte Andrea del Sarto-Stuhl (einst im Palazzo Davanzati), dessen Sitz — hinten halbrund — eine ebensolche Säulengalerie als Lehne trägt (Abb. 406).

Auch beim Schemel machte sich spätestens im 16. Jahrhundert das Bedürfnis nach geschlossener Flächenwirkung geltend: Vier nach oben verjüngte Standbretter tragen nun mitunter den Sitz. Häufiger begnügt man sich mit je einem Standbrett vorn und hinten (Abb. 26), das

23. Modell zu einem Tisch nach 1500
Frankfurt a. M., Kunstgewerbe-Museum

in der Art der höheren und breiteren der Tische[2]) in verschiedener Art profiliert und mit Reliefs geschmückt wird. Wiederum sind sgabelli dieser Art ohne Lehne

[1]) So kommt er, um Bekanntestes zu nennen, mehrfach auf den Fresken Fra Angelicos im Kloster San Marco vor; und in Michelangelos Sintflut in der Sixtinischen Kapelle trägt eine Frau ihn umgekehrt auf dem Kopf, als Unterlage für allerlei häusliches Gerät.

[2]) Vergl. S. XXIV/V.

24. Mittelitalien nach 1550. Kurze Bank
Berlin, Sammlung F. Simon

— aber mit strohgeflochtenem Sitz versehen oder später gepolstert — verhältnismäßig selten; während solche mit Lehne zahlreich erhalten sind. Besonders die mit reicher Schnitzerei, wo vorderes Standbrett und Rückenstütze den gleichen Umriß und Dekor erhielten (Abb. 385, 387). Künstlerisch wertvoller erscheinen freilich häufig die einfacheren Typen dieser Gattung mit wenig Schnitzerei, aber ausdrucksvollem Umriß. Hier ist die Lehne, um ein bequemes Sitzen zu gewähren, leicht gerundet und nach unten abgeschrägt (Abb. 376 ff. und 383).

Von mittelalterlichen Sesseln, ja mittelbar von solchen des Altertums, ist der Faltstuhl der Renaissance abgeleitet. Wie schon in früherer Zeit wurde er in der Renaissance öfters in Eisen und Bronze gearbeitet (Abb. 391/2), und dieses Material ward auch — besonders in Venedig — für komplizierte Formen beibehalten, die man mit Stoff bezog, mit Posamenten und den runden blanken Knöpfen der befestigenden Nägel verzierte (Abb. 44). Aus dem einfachen Klappstuhl[1]) entwickelten sich die Falt- und Scherenstühle[2]). Der erstgenannte besteht aus zwei Paaren gebogener Leisten, die an der Kreuzungsstelle unter dem Sitz durch einen profilierten Stab, über dem Boden durch Schienen, oben durch gerade oder geschwungene Seitenlehnen miteinander verbunden sind.

[1]) Im Mittelalter Faldistorium, woraus das Wort Fauteuil abgeleitet ist.

[2]) Sie werden im Kunsthandel ohne stichhaltige Gründe Dante- und Savonarolastühle genannt.

Gespannte Lederstücke oder Gurte bilden Sitz- und Rückenstütze (Abb. 399—405).

Beim Scherenstuhl (Abb. 393—395) sind eine Anzahl schmaler Latten nach gleichem Prinzip gekreuzt, so daß das durchsichtige Gerüst hier seitlich geschlossen erscheint [1]). Natürlich kann die Lattenreihe zierlicher sein, als das offene Gestell. Der Sinn des Faltstuhls, zusammengeklappt werden zu können, wurde bei beiden Typen wohl schon im 15. Jahrhundert aufgegeben. Ein einfaches Brett als Rückenlehne und ein Sitz aus enggefügten Latten wurden dem Scherenstuhl beigegeben. Zugleich ward das vordere Profil reicher im schwingenden Rhythmus, mannigfach variierte man die Kurve, verzierte sie an der Front mit flacher Schnitzerei und profilierte in verschiedenster Form die Rückenlehne [2]) (Abb. 396 ff.). Ähnlich erging es dem Faltstuhl, der eine feste Polsterung an Sitz und Rücken und ornamentale Reliefs an den Seitenlehnen, in Oberitalien auch Certosina-Einlagen an der Vorderseite erhielt (Abb. 403 ff.). Aus den in sich beweglichen Möbeln waren feste und bequeme Sessel geworden; sie hatten

25. Venedig (?) 16. Jahrhundert: Stuhl mit vorn verjüngtem Sitz

Früher München, Sammlung L. Bernheimer

die Funktionsbedingungen, die ihre Eigenart bestimmt hatten, verloren; aber die eindrucksvolle Zweckmäßigkeit und der Wohlklang ihrer Gestalt verleihen den nicht überladenen Gestaltungen der Spätzeit einen neuen, besonderen Reiz.

Neben dem Schemel mit sperrig gestellten Beinen hat es wohl von jeher den mit senkrechten Stützen gegeben; als niedriger Hocker kommt er auf Bildern des 15. Jahrhunderts — besonders in Schlafzimmern vor. Mit höherem Sitz trägt er gewöhnlich eine Lehne, die Platte ist hölzern oder aus Stroh geflochten [3]) (Abb. 408). Geschnitzte Verzierung ward hier am Querholz zwischen den vorderen Beinen und an der Lehne angebracht [4]), oder diese ist in eine Reihe von Säulchen

[1]) Oder man kreuzte die Latten in anderer Richtung, damit sie oben die Rückenlehne bilden (Abb. 394).

[2]) Mitunter ward sie mit Reliefs verziert; ein sinnloser Schmuck, da er das Anlehnen unbequem macht. — Der sogenannte Savonarola-Scherenstuhl kommt übrigens im 16. Jahrhundert auch in den Alpenländern und Süddeutschland vor.

[3]) Die Polsterung dürfte in vielen Fällen spätere Zutat sein.

[4]) Die Stühle mit besonders reichen Schnitzereien in kartuschenartigen Formen (Abb. 450—455) sind wahrscheinlich zu-

aufgelöst (Abb. 409 ff.). Aus der primitiven Grundform dieses Gebrauchsmöbels hat sich der Wandsessel entwickelt. Denn durch die Höherführung der vorderen Beine und durch eine Leiste von hier nach hinten bildeten sich niedrige Seitenlehnen (Abb. 420 ff.). Polsterung mit Stoff- oder Lederbezug ward dann bald selbstverständlich; und es ist überaus lehrreich, im einzelnen festzustellen, wie nur durch die Verbreiterung der Rückenlehne und durch die Betonung der Sitzfläche, deren Bezug nun mindestens handbreit über die Beine fällt und gelegentlich durch Fransen verlängert ist, das einfache Gestell mehr und mehr eine gewisse Geschlossenheit und Großartigkeit erhält (Abb. 419—438). Die Schnitzerei blieb auch hier in der Hauptsache auf das vordere Querholz beschränkt, dazu wurden manchmal die Träger der Seitenlehnen als Baluster gestaltet, sowie an diesen selbst und über den Streifen der Rückenlehne Verzierungen diskret angebracht. Das Leder an Sitz und Rückenlehne wurde gepreßt und z. T. vergoldet oder gemusterter prächtiger Stoff ward als Bespannung benutzt. Bemerkenswert ist die ungewöhnliche Sitzhöhe dieser Sessel, die eine gerade, gleichsam repräsentierende Haltung nötig machen [1]), und ähnliches gilt von vielen Sgabelli. Die Faltstühle haben meist die uns gewohnte Höhe; und daneben sind noch niedrigere Stühle mit verzierter Rückenlehne — einer Säulenreihe oder mit geschnitztem Fries — erhalten, die ein sehr bequemes Sitzen gestatten (Abb. 409 und 415).

Lesepulte, Ständer, Wandbretter und Rahmen

Die weniger verbreiteten Stücke des italienischen Mobiliars wurden nach denselben Formprinzipien gestaltet

26. Italien 16. Jahrhundert: Geschnitzter Schemel

Berlin, Schloß-Museum

und mit den nämlichen Ornamenten verziert, wie die Möbel, die zum notwendigen Hausrat gehörten. Das gilt von Schreib- und Lesepult, von Büstenständer und Kleiderrechen, Bordbrett, Spiegel- und Bilderrahmen und anderem Gerät.

Das Lesepult in der Kirche muß dem Chorbuch erhöhte Lagerung bieten, damit alle Sänger die großen, klar geschriebenen Noten und Textworte der heiligen Gesänge erst in der nördlichen Lombardei hergestellt und in den Alpenländern und Süddeutschland nachgeahmt worden.

[1]) Auch die meisten Tische und viele Kredenzen sind höher als uns heute bequem erscheint.

lesen können. Der Sockel wird hier meistens als Schrank gebildet, um die Meßbücher aufzunehmen und eine Stufe erleichtert das Umblättern der Seiten. Intarsien und reiche Schnitzerei ist hier, wie an dem Chorgestühl, fast selbstverständlich. Im Privathaus war der hohe, schwere Unterbau überflüssig; aber der Oberteil kommt — einzeln gearbeitet, öfter auf Schreibtischen stehend — vor [1]). Verzichtete man auf diese Kombination, ließ man die eigentliche Buchstütze auf einer schlanken Säule oder einem Baluster ruhen (Abb. 458—460).

Auch die bronzenen Pultadler, die — aus der Maasgegend stammend — in etlichen Exemplaren nachweislich nach dem Süden gelangt sind, dürften nur überaus selten profanen Zwecken gedient haben. Doch hat sich — nach dem Bericht des Bernardino Baldi einer in der berühmten Bibliothek des Federigo da Montefeltro im Schlosse von Urbino befunden [2]). Daneben gab es auch zusammenklappbare, also wirklich mobile Pulte aus gekreuzten Latten mit einem Stück verzierten Leders als Unterlage für das Buch. Flache Schnitzerei überzieht die schmalen Stützen und balusterartige, zierliche Querhölzer verbinden sie. Mitunter ragt hinter dem Folianten eine schmale, durchbrochene Schnitzerei empor (Abb. 462).

Die Ständer für Büsten und mittelgroße Freiplastik sind nun überaus selten ein so durchsichtiges Gerüst (Abb. 478); schon weil die Last, die sie zu tragen hatten, das in der Regel verbot. Auch widersprach der Anschein solchen Mißverhältnisses dem Stilgefühl der Hochrenaissance. Denn sie kommen erst im 16. Jahrhundert in Aufnahme, als die Büsten — im Anschluß an römisch-antike Kunst — nach unten oval abgeschrägt, einen runden, profilierten Sockel erhielten. Im 15. Jahrhundert hatten sie breit aufstehend ihren Platz auf Kaminen und über Türen gehabt. Man bildete

nun die Standbretter, die man für Tische und Schemel in mannigfachen Formen ausgestaltet hatte, höher und schlanker um. Das Profil wechselt ebenso wie die Verzierung durch Schnitzerei (Abb. 476/7 und 479). Malerei ist selten (Abb. 463), aber typisch für alle Ständer die Abschrägung nach oben, die sperrige Stellung der Stützen und die Gleichheit der Profile am vorderen und hinteren Standbrett.

Der Kleiderrechen (attaccapanno oder capellinaro [1]) erhielt gelegentlich einen geschnitzten Aufsatz oder schildartige Form mit Kartuschenverzierung (Abb. 247); man kombinierte ihn mitunter mit dem Bordbrett, und in Venedig bildete sich dadurch ein eigenartiges kleines Schmuckmöbel heraus, der restello di camera [2]), dem oft noch ein Spiegel beigefügt war. An seinen Zinken hingen freilich nicht Garderobestücke, sondern kleine Toilette-Geräte [3]).

Man darf nicht vergessen, daß Spiegel aus Glas [4]) damals eine Kostbarkeit waren, die prächtige Fassung beanspruchen konnten; und zudem war neben dem glatten Mittelfeld hier eine reiche Verzierung am Platze, die bei Gemälden und Reliefs zu selbständig gewirkt und das Interesse abgezogen hätte. Die ältesten Spiegel waren rund wie Butzenscheiben und oft vertieft. Kreisförmig sind auch häufig ihre Rahmen, oder verzierte Zwickel führen zur Rechtecksform über; und die z. T. oder ganz vergoldete Um-

27. Venedig um 1500: Kleiner Wandspiegel

---

[1]) So bei Carpaccio (Abb. 44), auf Ghirlandajos und Botticellis Fresken: S. Hieronymus und S. Augustinus in Ogni Santi in Florenz, auf Pinturicchios „Maria von Engeln umgeben" in S. Maria del Popolo zu Rom sowie auf vielen andern Bildern. — Auch kleine Schreibpulte, die man auf Tische stellte, kommen einzeln vor (Abb. 5 und 371 und Bode a. a. O. Taf. LXXI).

[2]) A. Schmarzow: Melozzo da Forli S. 33/4.

[1]) Deutsch übertragen: Anhänger für Stoffe und Hutträger. Daneben kommt auch besonders in Venedig die Bezeichnung taccatabarro vor; tabarro ist der weite malerische Mantel der Italiener.

[2]) G. Ludwig führt in seiner ausführlichen Monographie über den Restello a. a. O. auch solche für Briefe und Schreibgerät (r. di scrittura) auf und leitet das Wort von restellus (kleiner Rechen) ab. Der Restello darf nicht mit der Restelliera oder Lanziera verwechselt werden, einem großen Gestell für Waffen, Lanzen und Fahnen.

[3]) Darum sind die Spiegelrahmen bisweilen unten besonders breit und der Übergang nach oben wird seitlich durch Voluten oder phantastische Fischformen gebildet (Abb. 481).

[4]) Es gab daneben noch blanke geschliffene Metallplatten als Spiegel. In Murano, der Stadt der Glasfabrikation für Italien, kam die Herstellung von Spiegeln durch deutsche Verbesserung des Amalganbelags im 16. Jahrhundert zu hoher Vollendung (Ludwig a. a. O. 306/7).

fassung wird mitunter — namentlich am Restello — so
breit und prächtig, daß der Spiegel nur als Mittelstück,
keineswegs aber als Hauptsache erscheint. An den
Rahmen für viereckige Spiegel sind phantastische Schnitzereien wie Hermen und Fratzen[1]) anzutreffen, während
an Aufsatz und Konsole Rankenwerk, Wappen, Putten
und Fabelwesen erscheinen (Abb. 491 und 494—498).

Bei großen Bilderrahmen[2]) im ausgeprägten Stil der
Renaissance war architektonischer Aufbau beinahe selbstverständlich: Die horizontalen Streifen wurden als Sockel
und Gebälk, die senkrechten als Pilaster ausgebildet.
Gliederung und Verzierung geschah zunächst nicht einzig
durch Schnitzerei, die Malerei nahm oft Besitz von ihrer
Begrenzung, und am Sockel war bis um 1500 das Predellenbild fast die Regel. Es paßt durchaus zum Wesen
„klassischer Kunst", daß sie die farbige Darstellung auf
das Bildfeld beschränkte und den Sinn des Umfassens
und Begrenzens in kräftig profilierten und geschnitzten
Rahmen auf das Entschiedenste zum Ausdruck brachte.
Die großen Rahmen stammen freilich in überwiegender
Mehrzahl von Altären; denn im Privathaus waren umfangreiche Bilder überaus selten[3]), doch hätte ihre Ausgestaltung hier wie dort in gleicher Weise hingepaßt.
Man hat diese Architekturrahmen auch in kleineres
Format übertragen und für Reliefs, Gemälde und Spiegel
verwandt (Abb. 492 3). Daneben kam für Bilder von
mittlerem und kleinem Maßstab auch die heute ge-
bräuchliche Form auf: die auf allen Seiten gleiche Rahmen-
leiste (Abb. 506 ff.); als Dekor stand ihr der ganze Schatz
von Motiven zur Verfügung, die die Möbeltischlerei
des 15. und 16. Jahrhunderts in Italien entwickelt hatte.

[1]) Mitunter dienen sie als Handgriff einer durch den Rahmen
geführten verschiebbaren Schutzplatte vor dem Spiegel, wie
sie auch bei Gemälden der Epoche vorkommt.

[2]) Vergl. über Rahmen E. Bock, Florentinische und venezianische Bilderrahmen aus der Zeit der Gotik und Renaissance
(München 1902) und Guggenheim, Le Cornice Italiane (Milano 1897).

[3]) Vergl. Schubring a. a. O. S. 9—11.

Eine Besonderheit sind die größeren Rundrahmen, die
zunächst die durch die Robbia volkstümlich gewordenen
Fruchtgirlanden nachahmen; später sind sie mit reich-
gegliederten, mehr ornamentalen Flachreliefs überzogen

28. Holzschachtel mit bemalten und vergoldeten
Stuckauflagen 15. Jahrhundert
London, V. u. A. Museum

und durch kleine, knaufartig vorspringende Köpfe rhyth-
misch gegliedert[1]). In die Formensprache des Barock
leiten endlich die sogenannten Sansovinorahmen (Abb.
513/4) über, die halb reliefmäßig, halb freiplastisch
gearbeitet in malerischem Wechsel Kartuschenmotive mit
allerlei Architektur- und Phantasieformen verbinden. Nicht
nur in Venedig, der Heimat dieses Typus, fand man zu
Ende der Renaissance Geschmack an ihnen. Die Unruhe und Kompliziertheit der malerischen Darstellung
und die erreichte Illusion stark plastischer Wirkung
brauchte als Gegengewicht die wuchtige oder stark bewegte Begrenzung.

[1]) Sie waren mitunter in Holz geschnitzten Decken eingelassen (Geymüller und Stegmann a. a. O. Bd. VII 1, Taf. 6).

III. KÜNSTLER UND HANDWERKER

Im Zeitalter der Renaissance waren Kunst und Handwerk noch nicht durch eine Kluft getrennt. Der Baumeister errichtete das Haus und sorgte auch für seine
Ausstattung, der Bildhauer begann als Steinmetz oder
Goldschmied, und berühmte Maler haben gelegentlich
Möbel bemalt[1]). Daneben hat es freilich Spezialisten
— wie Intarsiatoren und Holzschnitzer[2]) von Ruf und

[1]) Vergl. Schubring a. a. O. S. 76 ff. und zahlreiche Stellen
bei Vasari (zusammengestellt bei Schubring a. a. O. S. 90);
besonders wichtig erscheint die Erwähnung einer Zimmer-
einrichtung von Baccio d'Agnolo mit Malereien von Andrea
del Sarto, Pontormo u. a. Künstlern im Hause Pier Francesco
Borgherini in Florenz.

[2]) Ausführliche Liste bei Finocchietti a. a. O.

besondere Truhenmaler[1]) gegeben. Aber der Einfluß
großer Künstler auf die Ausgestaltung des Mobiliars
steht außer Frage. Das gilt im besonderen von Giuliano
da Maiano[2]) und Michelangelo. Gerade diesem vielseitigen
Meister, der nur Steinbildhauer sein wollte, verdankt
die Schreinerkunst wichtige Anregungen. Er hat die
Büchergestelle und Sitze der laurenzianischen Bibliothek

[1]) Schubring a. a. O. S. 430 ff. veröffentlicht das von A. Warburg aufgefundene Werkstattbuch zweier Truhenmaler, die
zwischen 1446 und 1463 einhundertsiebzig bis zweihundert
Truhen geliefert haben.

[2]) Vergl. Schottmüller, Amtliche Berichte aus den Kgl.
Kunstsammlungen XXXIX (Berlin 1918) S. 80 ff.

zu Florenz (Abb. 153) entworfen; die straffe, an Metall-
formen erinnernde Profilierung mancher Truhen (Abb.
102) geht auf ihn zurück, und wahrscheinlich sind die
phantastischen Fratzen (Abb. 110, 214, 135 u. a.), die
eine große Rolle im 16. Jahrhundert spielten, und andere
figürliche Motive zuerst von ihm entworfen worden[1]).
In den Uffizien zu Florenz, im Britischen Museum zu
London und in anderen Kunstsammlungen sind zahlreiche Entwürfe zu Möbeln von seinen Zeitgenossen
und Nachfolgern vorhanden (Abb. 29 und 30), und im

besonderen scheinen die Truhen mit figürlichen Reliefs
nach Zeichnungen berühmter Künstler geschaffen worden
zu sein (Abb. 125—132, 134—138/9)[1]).

Die hohe Bedeutung von solchem inneren Zusammenhang und solcher Zusammenarbeit steht außer Frage.
Der Künstler — mit dem Handwerk nahe vertraut —
verstand den Wert guter Arbeit zu schätzen und entwarf
nur, was dem Wesen des Materials entsprach, und dem
Ausführenden wurden die Vorlagen des Meisters zum
Ansporn, das Höchste zu leisten. So konnten die neuen
Formideen unmittelbar und fast ohne Abschwächung
zum Ausdruck kommen, und die Wohnkultur der Renaissance erhielt jene Harmonie, die gemäß war der
inneren Größe jener Blütezeit.

---

[1]) Vergl. Thode, Michelangelo: Kritische Untersuchungen
über seine Werke Bd. II (Berlin 1908), über die Bibliothek
S. 118 und 135, über den Kandelaber der Medici-Kapelle
S. 111 und über ihm irrtümlich zugeschriebene Möbel S. 513.
— Über den Rahmen zum Tondo der Hl. Familie: E. Bock
a. a. O. S. 78 (Abb. S. 489).

[1]) Vergl. hier Abb. 29 und 134.

29. Florenz nach 1550: Entwurf zu einer Truhe
Federzeichnung
Florenz, Uffizien

30. Entwurf zu einem Prunkbett nach 1550
Federzeichnung
Berlin, Bibliothek des Kunstgewerbe-Museums

31. G. Mansueti: Venezianische Palasthalle (Wunderheilung durch die Kreuzreliquie, gemalt um 1500)
Venedig, Akademie

32. Melozzo da Forli: Römische Palasthalle (Gründung der Vatikanischen Bibliothek, dat. 1476/77)
Rom, Vatikan

33. C. Crivelli: Straße und Wohnhaus in den Marken (Verkündigung, dat. 1486)
London, National Gallery

34. Domenico di Bartolo: Hospital (Krankenheilung, gemalt zwischen 1440 und 1443)

Siena, S. Maria della Scala

35. V. Carpaccio: Venezianisches Schlafzimmer (Traum der hl. Ursula, gemalt zwischen 1490 und 1495)
Venedig, Akademie

36. P. M. Pennacchi: Oberitalienisches Zimmer mit Marmortäfelung
(Verkündigung, gemalt um 1500)

Venedig, S. Francesco della Vigna

37. Urbano da Cortona: Toskanische Halle
(Todesverkündigung an Maria, gemalt nach 1450)

Siena, Dom

38. Domenico Ghirlandajo: Vornehmes Schlafgemach (Geburt Mariä, dat. 1490)

Florenz, S. Maria Novella

39. Benedetto da Maiano: Schlafzimmer mit Vertäfelung (Geburt Johannis des Täufers, gemalt um 1475)

London, Victoria und Albert-Museum

40. Antonello da Messina: S. Hieronymus in seinem Studierzimmer, gemalt vor 1479 (Ausschnitt)

London, National Gallery

41. Andrea del Sarto: Vornehmes Schlafzimmer (Geburt Mariä, dat. 1514)

Florenz, S. S. Annunziata

42. Sodoma: Vornehmes Schlafgemach (Alexander und Roxane, dat. 1511/12)

Rom, Villa Farnesina

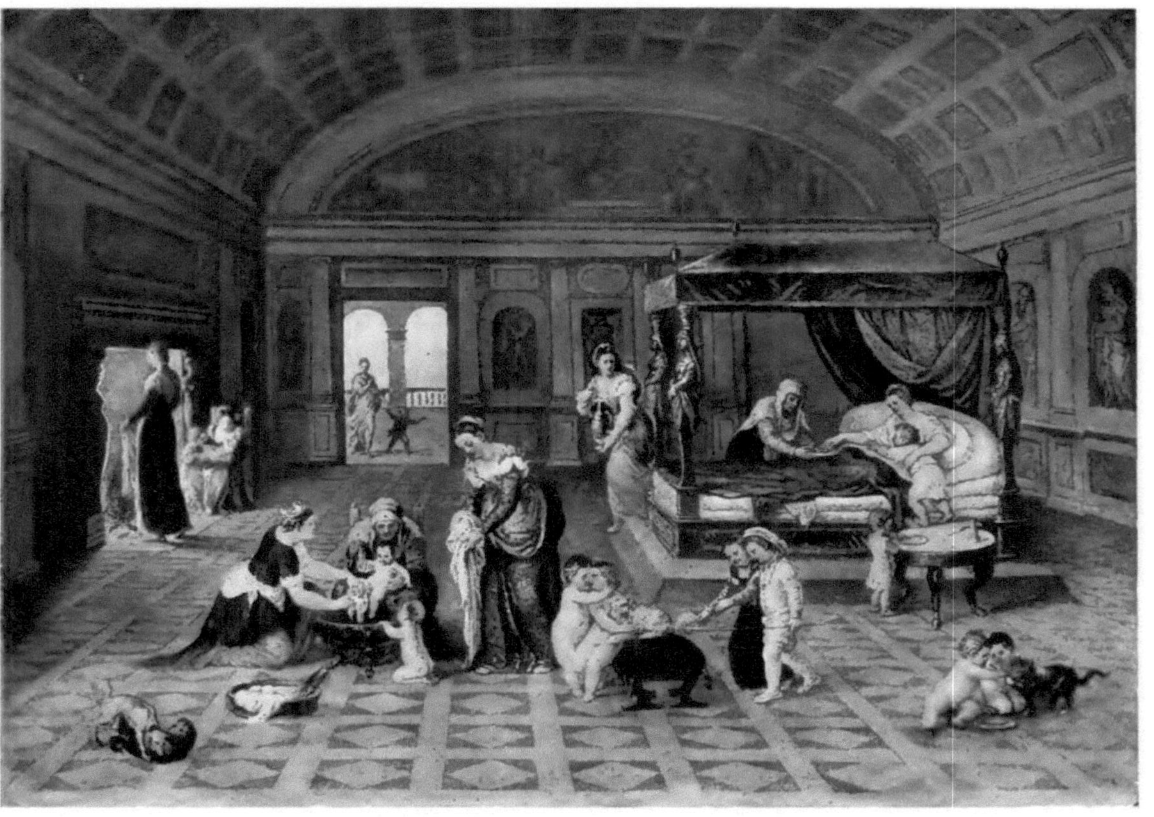

43. Scarsellino: Wochenstube (gemalt nach 1550)

Hannover, Provinzial-Museum

44. V. Carpaccio: Studierzimmer des hl. Hieronymus (gemalt zwischen 1502 und 1507)
Venedig, Scuola S. Giorgio dei Schiavoni

45. J. Tintoretto: Palasthalle (Hochzeit zu Kana, dat. 1561)

Venedig, S. Maria della Salute

46. Perugia, Collegio della Mercanzia (Handelsgericht). Ende des 14. Jahrhunderts

47. Florenz, Palazzo Davanzati. Großer Saal im ersten Stockwerk

48. Florenz, Palazzo Davanzati. Großer Saal im ersten Stockwerk

49. Città di Castello, Pinacoteca Communale. Großer Saal

50. Florenz, Palazzo Davanzati. Saal im zweiten Stockwerk

Phot. Alinari

51. Florenz, Palazzo Davanzati. Großer Saal im dritten Stockwerk

52. Florenz, Palazzo Davanzati. Saal im dritten Stockwerk

53. Florenz, Palazzo Davanzati. Papageienzimmer

54. Florenz, Palazzo Davanzati. Papageienzimmer

55. Florenz, Palazzo Davanzati. Pfauenzimmer

56. Florenz, Palazzo Davanzati. Saal der aufgehängten Stoffe

57. Florenz, Palazzo Davanzati. Zimmer mit Eckkamin im zweiten Stockwerk

58. Florenz, Palazzo Davanzati. Schlafzimmer im dritten Stockwerk

59. Florenz, Palazzo Davanzati. Schlafzimmer im dritten Stockwerk

60. Florenz, Palazzo Davanzati. Wandmalerei im Schlafzimmer des dritten Stockwerks

61. Urbino, Kapelle im Palazzo Ducale um 1475

62. Florenz, Palazzo Vecchio. Geheimes Arbeitskabinett des Herzogs Francesco Medici.
Errichtet zwischen 1570 und 1573 von G. Vasari

63. Florenz, Palazzo Vecchio. Großer Saal im Quartier Leos X. Nach 1555 von Vasari errichtet

64. Mantua, Corte Vecchia. Marmorsaal nach 1550

65. Venedig, Scuola S. Giorgio dei Schiavoni. Eingangshalle nach 1500 (jetzt Betsaal)

66. Venedig, Dogenpalast. Sala della Bussola. Innenausstattung nach 1550

Phot. Anderson

67. Venedig, Dogenpalast. Sala dell' Anticollegio. Dekoration von V. Scamozzi, Bildwerke von A. Vittoria.
Malereien von P. Veronese und J. Tintoretto

68. Città di Castello, Pinacoteca Communale. Saal mit Wandmalereien nach 1550

Phot. Brogi

69. Florenz erste Hälfte des 15. Jahrhunderts: Truhe mit Malerei und Metallbeschlag

Früher Florenz, Sammlung Bardini

70. Siena um 1450: Truhe mit Stuckreliefs und Malerei

Florenz, Privatbesitz

London, V. u. A. Museum

Berlin, Schloß-Museum

Florenz, Castello Vincigliata

Phot. Brogi

71—73. Toskana 15. Jahrhundert: Truhen mit Stuckreliefs oder Malerei

Leipzig, Kunstgewerbe-Museum

Berlin, Schloß-Museum

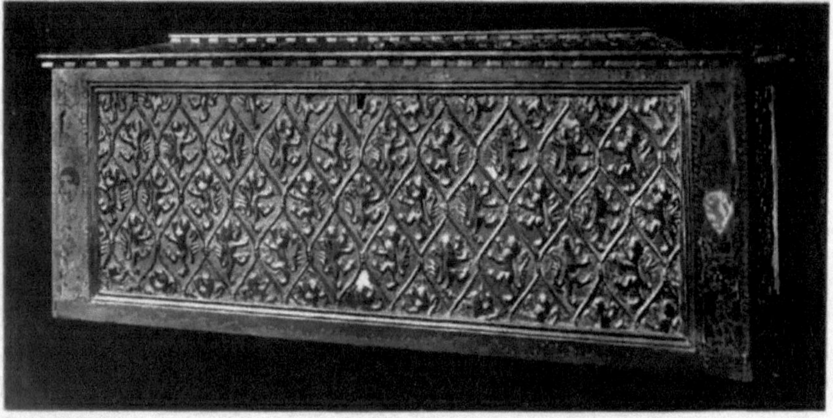

Phot. Brogi

Florenz, Castello Vincigliata

74–76. Toskana 14. und 15. Jahrhundert: Truhenbretter und Truhe
mit vergoldeten Stuckreliefs

77. Venedig um 1550: Tischtruhe mit vergoldeten Stuckreliefs

Frankfurt a. M., Kunstgewerbe-Museum

78. Venedig um 1500: Schranktruhe geschnitzt und vergoldet

Berlin, Schloß-Museum

Florenz um 1470. Berlin, Schloß-Museum

Phot. Alinari

Venedig um 1500. Mailand Castello Sforzesco

79—80. Truhen mit vergoldeten Stuckreliefs

Venedig, Privatbesitz

London, V. u. A. Museum

81—82. Venedig 16. Jahrhundert: Geschnitzte Holztruhe und Truhe mit vergoldeten Stuckreliefs

Verona um 1500. Verona, Museo Civico

Phot. Anderson

Verona um 1510. Mailand, Museo Poldi-Pezzoli

Venedig um 1530. Berlin, Schloß-Museum

83—85. Truhenbrett und Truhen mit Malerei und Schnitzerei

Berlin, Schloß-Museum

Amsterdam, Sammlung O. Lanz (geschlossen und geöffnet)

86–88. Ober-Italien (Venedig?) um 1500: Certosina-Truhen

Florenz um 1475

Florenz um 1500

89—90. Florentiner Truhenbank und Tischtruhe mit Intarsien

Berlin, Kaiser Friedrich-Museum

91—92. Florenz um 1500: Truhenbank und Tischtruhe mit Intarsien

Berlin, Kaiser Friedrich-Museum

London, V. u. A. Museum

London, V. u. A. Museum

Leipzig, Kunstgewerbe-Museum

93—95. Toskana Anfang des 16. Jahrhunderts: Truhen mit Intarsien

96. Florenz, 1512: Hochzeitstruhe mit den Strozzi- und Medici-Wappen

Berlin, Schloß-Museum

97. Mittel-Italien um 1460: Tischtruhe der Isotta da Rimini

Wien, Sammlung Figdor

Umbrien

Etschgebiet. Wien, Sammlung Figdor

Etschgebiet. Berlin, Schloß-Museum

98—100. Um 1450: Truhen mit Intarsien oder Flachschnitzerei

Siena um 1540

Florenz um 1550

101—102. Truhen mit Schnitzerei

Berlin, Kaiser Friedrich-Museum

Siena um 1540

Florenz um 1490

Siena um 1550

103—105. Truhen mit Schnitzerei

Berlin, Kaiser Friedrich-Museum

Verona nach 1500

Venedig (?) um 1600

Bologna nach 1550

106—108. Truhen mit Schnitzerei

Berlin, Kaiser Friedrich-Museum

109. Siena um 1570: Truhe mit Schnitzerei und Intarsien

Berlin, Kaiser Friedrich-Museum

110. Florenz um 1550: Truhenbank mit Schnitzerei

Berlin, Kaiser Friedrich-Museum

Verona (?) um 1550

Ober-Italien um 1550

111—112. Sitztruhen mit Schnitzerei

Berlin, Kaiser Friedrich-Museum

Berlin, Schloß-Museum

Früher Florenz, Sammlung Bardini

Früher München, Sammlung Julius Böhler

113—115. Ober-Italien spätes 16. Jahrhundert: Truhen mit Stuckeinlagen oder Schnitzerei

Ober-Italien nach 1550

Florenz (?) um 1570

Venedig um 1600

116—118. Sitztruhen mit Schnitzerei

Berlin, Kaiser Friedrich-Museum

Leipzig, Kunstgewerbe-Museum

Darmstadt, Landes-Museum

Darmstadt, Landes-Museum

119—121. Toskana 16. Jahrhundert: Sitztruhen mit Schnitzerei

Toskana um 1600

Mittel-Italien um 1600

Florenz nach 1550

122—124. Truhen mit Schnitzerei

Berlin Kaiser Friedrich-Museum

Vordere Längsseite

Schmalseiten

Vordere Längsseite

125—129. Rom um 1540: Truhen mit geschnitzten figürlichen Reliefs

Berlin, Kaiser Friedrich-Museum

130. Mittel-Italien 17. Jahrhundert: Truhe mit reicher figürlicher und ornamentaler Schnitzerei

Früher München, Sammlung Julius Böhler

131. Mittel-Italien um 1550: Truhe mit geschnitzten figürlichen Reliefs und Eckfiguren

Früher München, Sammlung Julius Böhler

Venedig um 1550. Berlin, Schloß-Museum

Mittel-Italien nach 1600. Früher München, Sammlung Julius Böhler

Toskana nach 1550. Florenz, Museo Nazionale

Phot. Brogi

132—134. Truhen mit geschnitzten figürlichen Reliefs

Rom um 1550. Leipzig, Kunstgewerbe-Museum

Venedig 16. Jahrhundert. Paris, Musée des Arts Décoratifs

Mittel-Italien um 1540. Mailand, Castello Sforzesco

135—137. Geschweifte Truhen mit Schnitzerei

London, V. u. A. Museum

Berlin, Schloß-Museum

138–139. Rom nach 1550: Hochzeitstruhen mit geschnitzten figürlichen Reliefs

140—141. Toskana um 1550. Geschweifte Truhen mit geschnitzten Flächenmustern

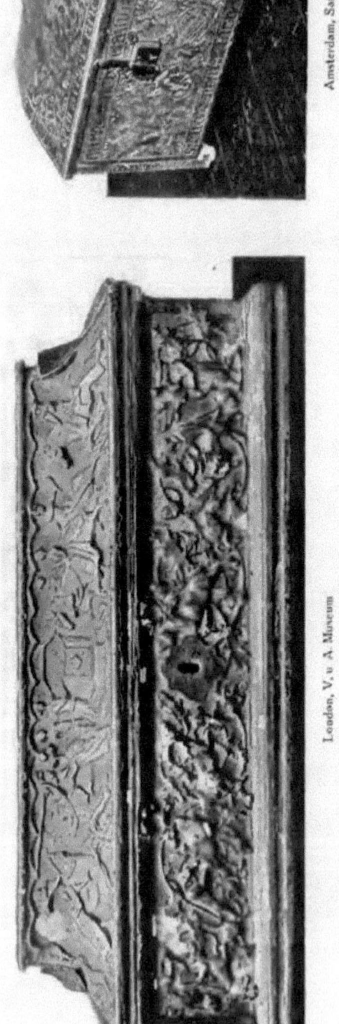

London, V. u. A. Museum

Amsterdam, Sammlung O. Lanz

London, V. u. A. Museum

Berlin, Schloß-Museum

142—145. Ober- und Mittel-Italien 14. und 15. Jahrhundert: Schmucktruhen mit hellfarbigen Reliefs oder Malerei

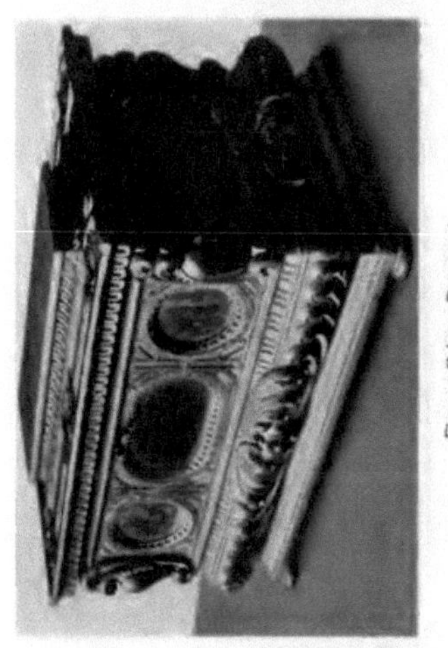

Florenz, Palazzo Davanzati

Berlin, Kaiser Friedrich-Museum

Berlin, Sammlung E. Simon

Berlin, Schloß-Museum

146—149. Toskana 16. Jahrhundert. Schmucktruhen mit Schnitzerei

Früher München, Sammlung L. Bernheimer

150—151. Mittel-Italien 16. Jahrhundert; Wandtäfelungen mit Chorgestühl
und mit fester Bank

Darmstadt, Landes-Museum

152. Toskana nach 1500: Wandtäfelung mit Bank

Florenz, Biblioteca Laurenziana

Phot. Alinar

153. Florenz nach 1533: Bücherpulte mit Bänken nach Entwurf Michelangelos

Teilansicht

154—155. Pantaleone de' Marchis: Chorgestühl. Lombardische Intarsien um 1500

Berlin, Kaiser Friedrich-Museum

Früher Florenz, Palazzo Riccardi-Medici

Phot. Alinari

Florenz, S. Maria Novella

156—157. Florenz nach 1450: Chorgestühle mit Intarsien und Schnitzerei

158—163. Pantaleone de' Marchis: Intarsia-Füllungen mit Rankenwerk vom Chorgestühl
(Abb. 154 u. 155)
Berlin, Kaiser Friedrich-Museum

164—171. Pantaleone de' Marchis: Intarsia-Füllungen mit Rankenwerk vom Chorgestühl
(Abb. 154 u. 155)
Berlin, Kaiser Friedrich-Museum

172. Siena um 1525: Rückwand eines Throns. Stoffe und Truhe (Venedig um 1550),
ursprünglich nicht dazu gehörig

Berlin, Schloß-Museum

173. Florenz um 1510: Thron des Giuliano Medici

Früher Florenz, Sammlung Fürst Demidoff

174. Mittel-Italien 15. Jahrhundert: Sitztruhe mit Schnitzerei und Intarsien

Florenz, Palazzo Davanzati

Phot. Brogi

175. Italien um 1600 (?): Bank mit hoher Lehne

München, Sammlung Doppler

176. Florenz um 1525: Thron mit Intarsien und Schnitzerei

Berlin, Sammlung Silten

177. Florenz nach 1550: Cassapanca mit Schnitzerei

Berlin, Kaiser Friedrich-Museum

178. Florenz um 1500: Thronartige Bank mit Intarsien

Berlin, Kaiser Friedrich-Museum

179. Italien 16. Jahrhundert: Bank mit kastenartiger Lehne

Berlin, Kaiser Friedrich-Museum

180. Florenz Ende 16. Jahrhundert: Truhenbank mit Lehne

Berlin, Kaiser Friedrich-Museum

Berlin, Schloß-Museum

Früher München, Sammlung Julius Böhler

181—182. Florenz nach 1550: Cassapanken

183. Florenz Ende 16. Jahrhundert: Bank
Berlin, Kaiser Friedrich-Museum

184. Florenz um 1550: Cassapanca mit Intarsien und Schnitzerei
Berlin, Kaiser Friedrich-Museum

Phot. Brogi

185. Florenz nach 1600: Bank mit reich geschnitzten Füßen

Florenz, Palazzo Davanzati

Phot. Brogi

186. Florenz nach 1550: Cassapanca

Florenz, Museo Nazionale

Berlin, Sammlung E. Simon

Florenz, Palazzo Davanzati

Phot. Brogi

187 – 188. Florenz um 1550: Cassapanken mit Schnitzereien und Intarsien

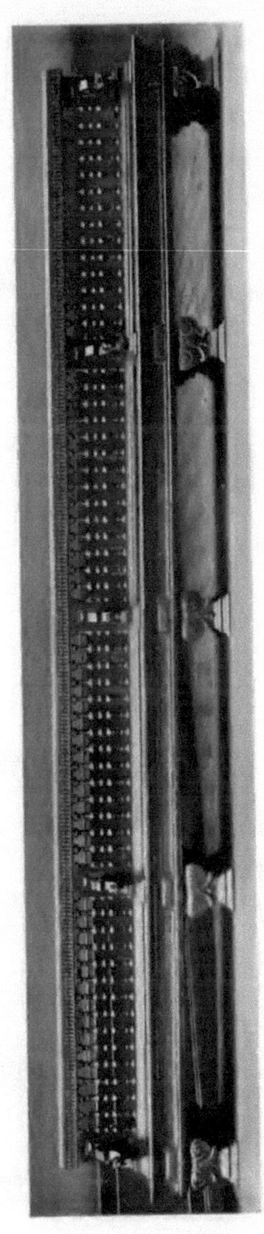

189—191. Süd-Italien Ende 16. Jahrhundert: Zwei doppelseitige Kirchenbänke (189 ist die Seitenansicht von 191)

Berlin, Kaiser Friedrich-Museum

192. Toskana nach 1600: Kirchenbank
Lucca, Pinacoteca

193. Florenz nach 1550: Cassapanca mit freiplastischen Schnitzereien
Florenz, Palazzo Davanzati

194. Toskana 16. Jahrhundert: Wandtäfelung

Pisa, Baptisterium

195. Florenz Anfang 16. Jahrhundert: Sakristeischränke (Teilansicht)

Florenz, S. Croce

Phot. Alinari

196–197. Gotische Wandnischen mit Türflügeln (Malerei z. T. aufgefrischt)
(S. Abb. 53, 55, 58)

Florenz, Palazzo Davanzati

198. Wandschränke des Tesoretto (Schatzkammer) um 1570

Florenz, Palazzo Vecchio

Ligurien 15. Jahrhundert. München, Sammlung A. S. Drey

Toskana 14. Jahrhundert (Teilansicht). Florenz S. Croce

Phot. Brogi

199—200. Sakristeischränke mit gotischer Schnitzerei

201. Florenz um 1560: Große Kredenz mit Intarsien und Schnitzerei

Berlin, Kaiser Friedrich-Museum

202. Florenz um 1560: Große Kredenz mit geschnitzten Steilvoluten

Berlin, Kaiser Friedrich-Museum

203. Siena zweite Hälfte 16. Jahrhundert: Große Kredenz

Berlin, Kaiser Friedrich-Museum

204. Florenz um 1560: Große Kredenz

Berlin, Kaiser Friedrich-Museum

Siena um 1550

Mittel-Italien um 1580.

205—206. Große Kredenzen mit Schnitzerei

Berlin, Kaiser Friedrich-Museum

207. Toskana 16. Jahrhundert: Kredenz mit Medici-Wappen

208. Toskana 16. Jahrhundert: Kredenz mit Rosettenfriesen

209. Siena um 1540: Große Kredenz
Berlin, Kaiser Friedrich-Museum

210 211. Toskana um 1580: Kleine Kredenzen
Berlin, Kaiser Friedrich-Museum

212. Florenz um 1570: Kleine Kredenz

213. Mittel-Italien nach 1600:
Sockelartiger Schrank

214. Florenz um 1560:
Kleine Kredenz

Sämtlich Berlin, Kaiser Friedrich-Museum

215—216. Toskana nach 1550: Große Kredenzen mit Pilastern

Früher München Sammlung Julius Böhler

Früher München, Sammlung Julius Böhler

Früher Florenz, Sammlung Bardini

217—218. Toskana Ende 16. Jahrhundert: Große Kredenzen mit Pilastern

219—220. Toskana nach 1550: Schmale Kredenzen

Berlin, Kaiser Friedrich-Museum

Früher München, Sammlung Julius Böhler

221—222. Ligurien um 1600: Kredenzen mit reicher Flachschnitzerei

223. Bologna 17. Jahrhundert: Kredenz mit Nägelbeschlag

Berlin, Kaiser Friedrich-Museum

224. Toskana 17. Jahrhundert: Kredenz mit Schnitzerei

Berlin, Kaiser Friedrich-Museum

Toskana 16. Jahrhundert

Bologna 17. Jahrhundert

225—226. Kredenzen mit abgetrepptem Aufsatz

227–228. Toskana zweite Hälfte 16. Jahrhundert: Kredenzen mit geschnitzten
Fruchtgehängen und mit verzierten Pilastern

Früher München, Sammlung Julius Böhler

229. Mittel-Italien 16. Jahrhundert (?): Kredenz mit Hermen
Leipzig, Kunstgewerbe-Museum

230. Toskana um 1575: Kredenz mit Säulen und reicher Schnitzerei

231—232. Kredenzen mit Hermen

Ligurien nach 1500. Früher Florenz, Sammlung Bardini

Ober-Italien (Mailand?) nach 1600. Früher München, Sammlung L. Bernheimer

233–234. Kredenzen mit reicher Schnitzerei

235—236. Ligurien oder Südfrankreich spätes 16. Jahrhundert: Stollenschränke mit Hermen und Flachschnitzerei

Früher München, Sammlung Julius Böhler

Früher München, Sammlung Julius Böhler

Berlin, Schloß-Museum

237—238. Ligurien oder Südfrankreich nach 1550: Zweigeschossige Schränke

239. Umbrien um 1480: Kommodenartige Kredenz

240. Mittel-Italien spätes 16. Jahrhundert: Große Kredenz

Früher München, Sammlung Julius Böhler

241. Mittel-Italien spätes 16. Jahrhundert: Zweigeschossiger Schrank

242. Bologna nach 1600: Kredenz mit Aufsatz

Ober-Italien (Brescia) um 1500

Mittel-Italien nach 1550. Leipzig, Kunstgewerbe-Museum

243—244. Zweigeschossige Schränke mit Pilastern

Wien, Sammlung Figdor

Früher München, Sammlung L. Bernheimer

245–246. Toskana 16. Jahrhundert: Zweigeschossige Schränke

London, V. u. A. Museum
Konsolbrett

Darmstadt, Landes-Museum
Kredenz

Leipzig, Kunstgewerbe-Museum
Schreibschrank

London, V. u. A. Museum
Kleiderrechen

London, V. u. A. Museum
Betpult

247—251. Italien nach 1550: Verschiedene Möbel

252. Provinz Emilia um 1520: Synagogenschrank

Paris, Musée André

253. Ober-Italien nach 1500:
Kleiner Hängeschrank mit Flechtmuster

Amsterdam, Sammlung O. Lanz

254. Rom um 1550: Zweigeschossiger Schrank

Florenz, Sammlung Bardini

255. Toskana um 1550: Zweigeschossiger Schrank mit Pilastern

Früher München, Sammlung Julius Böhler

256. Ober-Italien (Brescia?) um 1550: Zweigeschossiger Schrank

Berlin, Schloß-Museum

257. Ober-Italien (Venedig?) um 1560: Zweigeschossiger Schrank

Früher Florenz, Sammlung Bardini

258. Lombardei nach 1600: Zweigeschossiger Prunkschrank

Mailand Castello Sforzesco

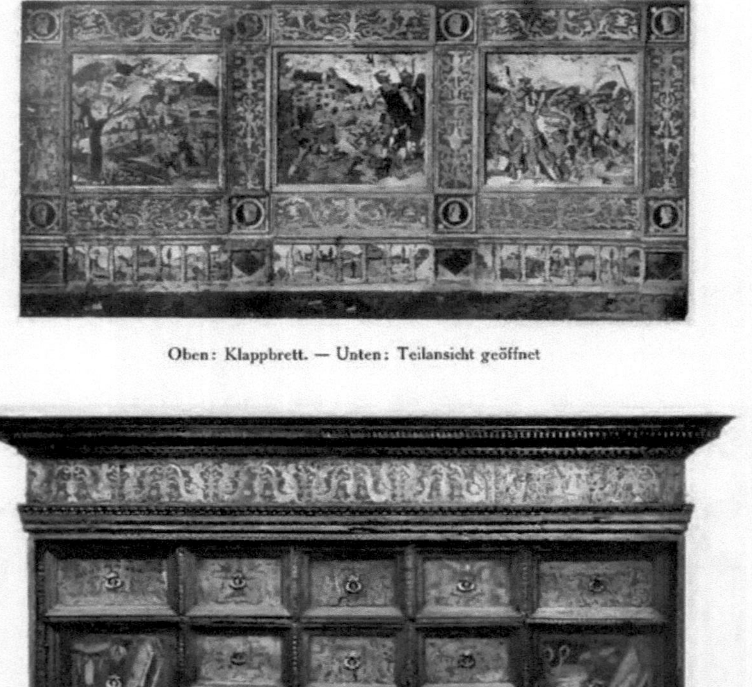

Oben: Klappbrett. — Unten: Teilansicht geöffnet

Gesamtansicht geschlossen

259–261. Ober-Italien Anfang 16. Jahrhundert: Schreibschrank mit Intarsien aus Mantua

London V. u. A. Museum

262. Mittel-Italien nach 1550: Schreibschrank

263. Faenza um 1500: Schreibschrank

Berlin, Schloß-Museum

264. Rom um 1530: Schreibschrank mit dem Farnese-Wappen

London, V. u. A. Museum

265. Florenz (?) nach 1550: Schreibschrank mit dem Castellani-Wappen

Früher Florenz, Sammlung Bardini

266. Florenz Ende 16. Jahrhundert: Schreibschrank mit freiplastischen Schnitzereien

267. Ligurien um 1550: Schreibschrank

London, V. u. A. Museum

268. Ober-Italien spätes 16. Jahrhundert: Schreibschrank

Früher Florenz, Sammlung Bardini

269. Florenz um 1560: Bordbrett mit Wappen

Berlin, Kaiser Friedrich-Museum

270. Ober-Italien nach 1550: Bücher- oder Apothekerschrank

Berlin, Kaiser Friedrich-Museum

271. Siena um 1540: Bemalter Waffenschrank

Florenz, Palazzo Davanzati

272. Ober-Italien (?) nach 1600: Bettgestell

Früher München, Sammlung L. Bernheimer

273. Toskana 1337: Bettgestell mit Malerei

Pistoja, Ospedale del Ceppo

Mittel-Italien nach 1600. Früher München, Sammlung L. Bernheimer

Bologna, 17. Jahrhundert. Früher München, Sammlung L. Bernheimer

274—275. Bettgestelle

276—277. Mittel-Italien 16./17. Jahrhundert: Wiege mit Wappen
und Bettgestell mit halbhohen Pfosten

Florenz, Palazzo Davanzati

278. Florenz um 1550: Wiege

Wien, *Sammlung Figdor*

279. Italien 17. Jahrhundert: Wiege

Paris, Musée des Arts Décoratifs

280. Ober-Italien 17. Jahrhundert: Krippenwiege (?)

Wien, Sammlung Figdor

281. Ober-Italien 16. (?) Jahrhundert: Wiege

Florenz Palazzo Davanzati

Toskana um 1540. Wandtisch

Venedig (?) nach 1500

Italien 15. Jahrhundert

Italien 15. Jahrhundert

282–285. Tische von einfacher Grundform

286—288. Toskana nach 1500: Tische mit einfachen vasenförmigen Standbrettern
(286 mit Delphinen)

Früher Florenz, Sammlung Bardini

Früher Florenz, Sammlung Gliscati

Früher München, Sammlung Julius Böhler

289–290. Toskana um 1550: Tische mit verzierten vasenförmigen Standbrettern

291. Florenz erste Hälfte 16. Jahrhundert: Tisch mit verzierten vasenförmigen Standbrettern
Leipzig, Kunstgewerbe-Museum

292. Mittel-Italien um 1530: Tisch mit drei Standbrettern mit doppelten Steilvoluten
Leipzig, Kunstgewerbe-Museum

Venedig um 1550

Ober-Italien um 1600. Früher München, Sammlung Julius Böhler

293—294. Tische mit Voluten an den Standbrettern

Mittel-Italien um 1560

Tuskana um 1540

295—296. Tische mit einfachen geschweiften Standbrettern und verzierten Querhölzern

Früher München, Sammlung Julius Böhler

Italien (Florenz ?) um 1550, Berlin, Kaiser Friedrich-Museum

Ober-Italien um 1550, Berlin, Kaiser Friedrich-Museum

297—298. Tische mit geschnitzten Standbrettern ohne Querholz

299—300. Florenz um 1550: Tische mit geschnitzten Standbrettern und Querhölzern

Früher Florenz Sammlung Bardini

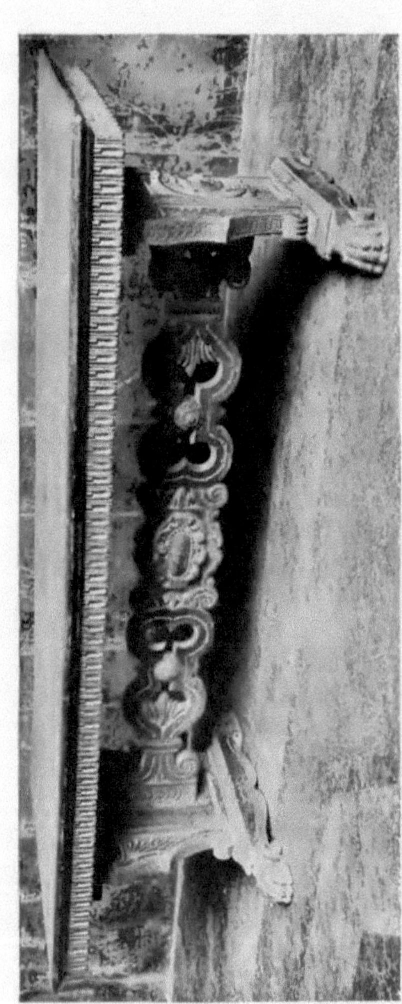

301—302. Venedig spätes 16. Jahrhundert: Tische mit reich geschnitzten Querhölzern

Früher Florenz, Sammlung Bardini

303–304. Venedig um 1570: Tisch mit drei reichgeschnitzten Standbrettern und Querhölzern
(zwei Ansichten)

Berlin, Kaiser Friedrich-Museum

Ober-Italien um 1600. Paris, Louvre

Phot. Pamard

Toskana 16. Jahrhundert. Früher München, Sammlung Julius Böhler

Mittel-Italien 16. Jahrhundert. Früher Rom, Sammlung Barozzi

305—307. Tische und Truhenbrett mit Schnitzerei

Früher München, Sammlung L. Bernheimer

Früher München, Sammlung Julius Böhler

308—309. Mittel-Italien 17. Jahrhundert: Tische mit reich geschnitzten Querhölzern

Italien 17. (?) Jahrhundert, Bologna

Phot. Poppi

Toskana Ende 16. Jahrhundert, Früher Florenz, Sammlung Bardini

310—311. Tische mit reicher Schnitzerei

Florenz um 1550. Früher Florenz, Sammlung Bardini

Ober-Italien um 1550. Berlin, Sammlung E. Simon

312—313. Tische mit Arkadengalerie

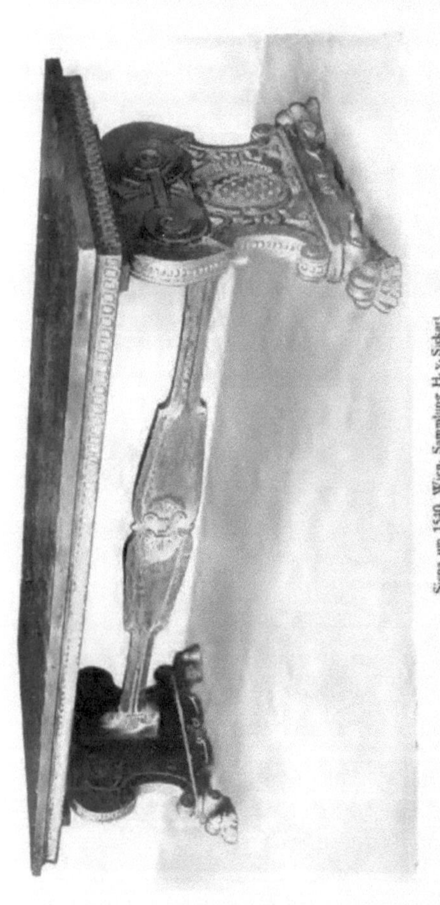

Siena um 1540. Wien, Sammlung H. v. Sickart

Mittel-Italien nach 1600

316. Toskana nach 1550: Tisch mit reich verzierter Arkadengalerie

Florenz, Palazzo Davanzati

146

317. Mittel-Italien um 1600: Tisch mit verzierten Balusterfüßen

Früher München, Sammlung Julius Böhler

318. Siena 16. Jahrhundert:
Kleiner Tisch mit tragenden Figuren

319. Ober-Italien 16./17. Jahrhundert:
Kleiner Tisch mit Kerbschnitzerei und Balusterfüßen

Früher Florenz, Sammlung Bardini

Früher Florenz, Sammlung Bardini

Darmstadt, Landes-Museum

320—322. Ober-Italien um 1600: Tische mit einfachen Fußgestellen

Früher München, Sammlung L. Bernheimer

Früher Florenz, Sammlung Julius Böhler

Früher München, Sammlung L. Bernheimer

323—325. Ober-Italien (?) um 1600: Tische mit Balusterfüßen

326–328. Bologna nach 1600: Tische mit Balusterfüßen

Früher München, Sammlung Julius Böhler

329–332. Ober-Italien Bologna (?) nach 1600: Tische mit Balusterfüßen

Früher München, Sammlung Julius Böhler

333—336. Bologna nach 1600: Tische mit Balusterfüßen

Früher München, Sammlung L. Bernheimer (333—335) und Julius Böhler (336)

337—338. Bologna nach 1600: Runde Tische mit Balusterfüßen

Berlin, Kaiser Friedrich-Museum

Venedig

Mittel-Italien

339—340. 16. Jahrhundert: Tische

Berlin, Kaiser Friedrich-Museum

341—342. Toskana 16. Jahrhundert: Tische mit drei profilierten Standbrettern
(die zu kleine Platte von 341 ergänzt)

Früher München, Sammlung Julius Böhler

Aus den Marken. Anfang 16. Jahrhundert

Toskana um 1580

343—344. Tische mit drei geschweiften Standbrettern

Berlin, Kaiser Friedrich-Museum

345–346. Toskana um 1550: Tische mit verzierten Standbrettern

347. Rom 16. Jahrhundert: Tisch mit Intarsien

London, V. u. A. Museum

348. Florenz nach 1500: Tisch mit vier delphinförmigen Standbrettern

Wien, Sammlung Figdor

Früher München, Sammlung Julius Böhler

Amsterdam, Sammlung O. Lanz

Früher Florenz, Sammlung Bardini

349—351. Italien 16. Jahrhundert: Tische mit geschweiften Standbrettern

352—353. Venedig (?) 16. Jahrhundert: Tische mit verzierter Stütze

Früher Florenz, Sammlung Bardini

Siena um 1550

Toskana erste Hälfte 16. Jahrhundert

354—355. Tische mit Pfeilerfuß und achteckiger Platte

Berlin, Kaiser Friedrich-Museum

Mittel-Italien nach 1700

Florentinisch-römisch. Zweite Hälfte 16. Jahrhundert

356—357. Tische mit vier sich kreuzenden Standbrettern
Berlin, Kaiser Friedrich-Museum

13.

358–359. Italien Ende 16. Jahrhundert: Tische mit balusterartiger Stütze

Früher München, Sammlung Julius Böhler

Früher München, Sammlung L. Bernheimer

Berlin, Schloß-Museum

360—362. Italienische Tische nach 1600

363—364. Toskana spätes 16. Jahrhundert: Kredenztische

Früher München, Sammlung Julius Böhler

Florenz, Palazzo Davanzati

365–367. Mittel-Italien um 1550: Langer Tisch (Schmalseite), Konsoltisch und Pultschrank

368. Toskana um 1570: Tisch mit Hermen

Florenz, Palazzo Davanzati

Phot. Brogi

369. Lombardei 16. (?) Jahrhundert: Tisch mit Konsolvoluten und Wappen

Mailand, Sammlung Bazzero

Phot. Brogi

370. Lombardei um 1550: Schreibschrank mit Intarsien

Amsterdam, Sammlung O. Lanz

Phot. Brogi

371. Florenz um 1550: Tisch, Schreibpult und hochlehniger Stuhl

Florenz, Palazzo Davanzati

Wien, Sammlung Figdor

372. Venezien 15. Jahrhundert: Faltstühle

Mailand, Sammlung Bagatti-Valsecchi Mailand, Sammlung Bagatti-Valsecchi Berlin, Schloß-Museum

373—375. Ober-Italien um 1560: Schemel mit Schnitzerei oder Beineinlagen

Berlin, Schloß-Museum

Florenz, Sammlung Bardini

Wien, Sammlung Figdor

376—379. Toskana 16. Jahrhundert: Einfache Schemel mit gebogener Lehne

380—382. Florenz um 1480: Strozzi-Schemel (Vorder- und Rückseite)
In der Mitte: Ober-Italien 16. Jahrhundert: Schemel mit Flachschnitzerei

London, V. u. A. Museum

Berlin, Sammlung Heilbronner

383—384. Venedig (?) 16. und 17. Jahrhundert: Schemel mit reicher Schnitzerei

Berlin, Schloß-Museum

Wien, Sammlung Figdor

Florenz, Sammlung Bardini

385–388. Italienisch 16./17. Jahrhundert: Schemel mit reicher Schnitzerei

389—390. Ober- und Mittel-Italien nach 1550: Reich geschnitzte Schemel mit gerader Lehne

Früher München, Sammlung Julius Böhler

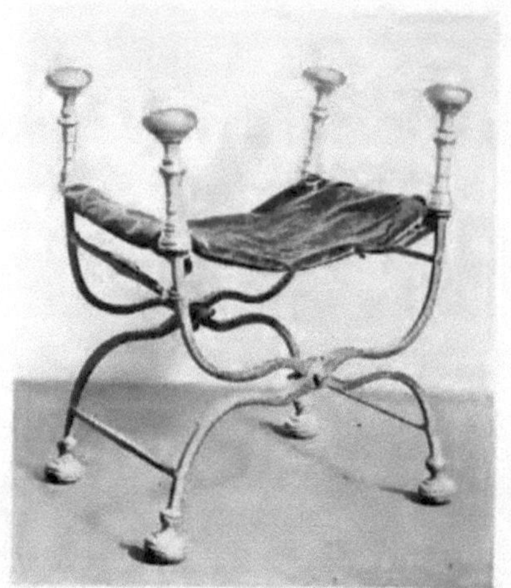

391—392. 15./16. Jahrhundert: Faltstühle aus Bronze und Eisen

Früher München, Sammlung L. Bernheimer

Florenz, Museo Nazionale   Berlin, Schloss-Museum

393—394. Toskana (?) um 1500: Scherenstühle

Wien, Sammlung Figdor

Florenz, Museo S. Marco

395–398. Ober-Italien und Toskana 15./16. Jahrhundert: Scherenstühle

Früher München, Sammlung Julius Böhler

Florenz, Palazzo Davanzati

Phot. Brogi

Früher München, Sammlung Julius Bohler

Paris, Louvre

Phot. Pamard

399—402. Italien 16./17. Jahrhundert: Faltstühle mit Schnitzerei

Bern, Sammlung Eilers

Amsterdam, Sammlung O. Lanz

Wien, Sammlung Figdor

403—405. Ober-Italien 16. Jahrhundert: Faltstühle mit Certosina-Einlagen

Sogenannter Andrea del Sarto-Stuhl

Stuhl mit Kastensitz und Armlehne

Einfache Stühle mit durchbrochener Lehne

406—408. Toskana 16. Jahrhundert: Stühle aus dem Palazzo Davanzati in Florenz

Darmstadt, Landes-Museum

Berlin, Schloß-Museum

Früher München, Sammlung Julius Böhler

409—411. Florenz und Venedig 16./17. Jahrhundert: Stühle mit Säulchengalerie als Lehne

180

Wien, Sammlung Figdor

Wien, Sammlung Figdor

412—415. Mittel-Italien nach 1550: Stühle mit durchbrochenem Ornament als Lehne

Früher München, Sammlung L. Bernheimer

Früher München, Sammlung L. Bernheimer

Früher München, Sammlung Julius Böhler

416—419. Italienische Stühle des 16./17. Jahrhunderts

Früher München, Sammlung Julius Böhler

Berlin, Schloß-Museum

Früher München, Sammlung Julius Böhler

Früher München, Sammlung L. Bernheimer

420–423. Italien 16.—17. Jahrhundert: Stühle mit gepreßtem Leder- oder Samtpolster

Florenz, Castello Vincigliata

Früher München, Sammlung Julius Böhler

Früher München, Sammlung Julius Böhler

Früher München, Sammlung Julius Böhler

424—427. Mittel-Italien 16./17. Jahrhundert: Lehnstühle mit Leder- oder Samtpolster

Früher München, Sammlung Julius Böhler

Früher München, Sammlung Julius Böhler

Früher München, Sammlung L. Bernheimer

Früher München, Sammlung L. Bernheimer

428—431. Italien 17. Jahrhundert: Lehnstühle mit Schnitzerei

Genua Ende 16. Jahrhundert

Bologna um 1600

Toskana Ende 16. Jahrhundert

Toskana Ende 16. Jahrhundert

432—435. Lehnstühle mit Schnitzerei und Lederbespannung

Berlin, Kaiser Friedrich-Museum

Florenz, Palazzo Davanzati · Phot. Brogi Florenz, Palazzo Davanzati · Phot. Brogi Florenz, Castello Vincigliata · Phot. Brogi

436—438. Italien 17. Jahrhundert: Lehnstühle mit gepreßtem zum Teil vergoldetem Leder

Florenz Sammlung Bardini

Früher München, Sammlung L. Bernheimer

Berlin, Schloß-Museum

439. 441. Venedig oder Terraferma um 1600: Lehnstühle mit geschnitztem Flechtwerk. 440. Mittel-Italien (?) um 1600: Lehnstuhl mit besticktem Rückenpolster und reicher Franzenverzierung

442—443. Italien 16./17. Jahrhundert: Lehnstuhl mit reicher Lederpressung und Klapplehnstuhl

Wien, Sammlung Figdor

444—445. Italien 17. Jahrhundert: Prunksessel

Wien, Sammlung Figdor

Paris, Musée des Arts décoratifs
Phot. Pamard

Paris, Louvre
Phot. Pamard

Wien, Sammlung Figdor

Wien, Sammlung Figdor

446–449. Italien 17. Jahrhundert: Lehnsessel und Faltstühle

450—453. Ober-Italien Ende 16. Jahrhundert: Stühle mit durchbrochener Schnitzerei

Früher München, Sammlung Julius Böhler

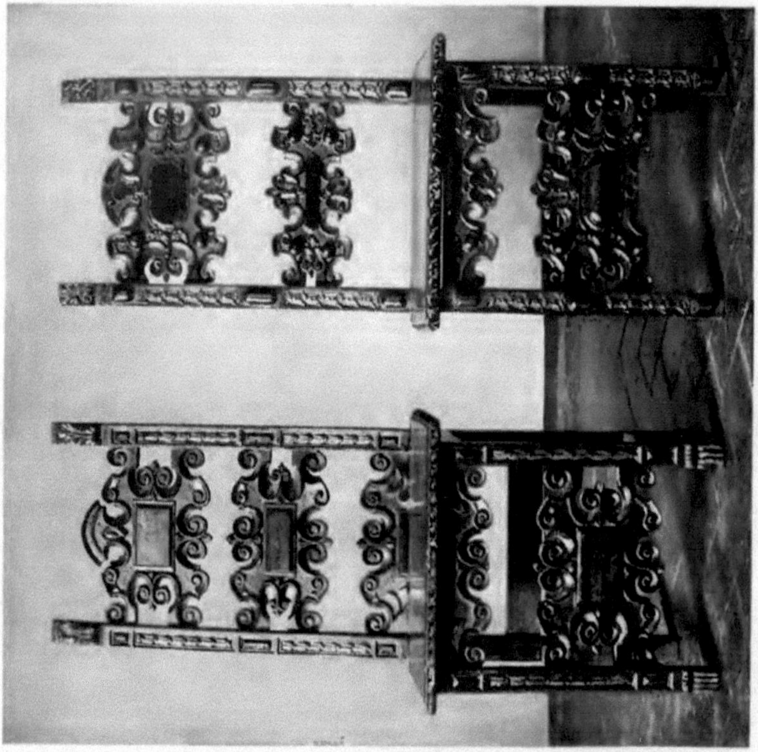

Phot. Brogi

Phot. Brogi

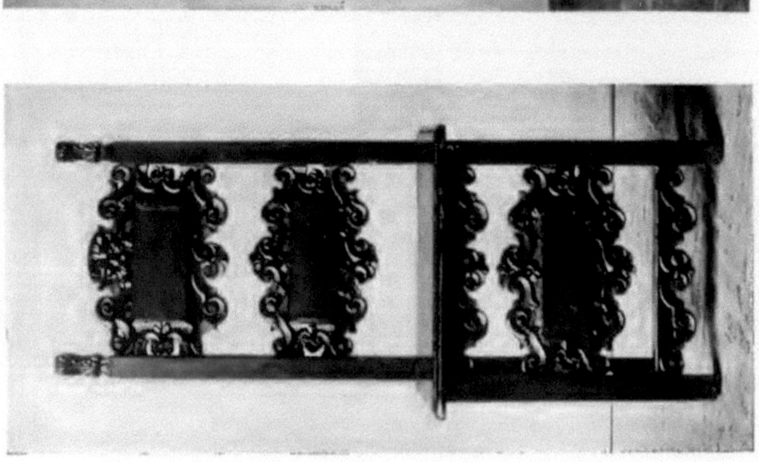

454—455. Lombardei (?) nach 1600: Stühle mit Kartuschenschnitzerei

Florenz, Museo Nazionale

Phot. Alinari

Parma, Museo d'Antichità

Berlin, Schloß-Museum

456—457. Ober-Italien 16. Jahrhundert: Thronartiger Sessel und geschnitzter Ecksitz

15.

Darmstadt, Landes-Museum

458—460. Toskana 16. Jahrhundert: Lesepulte und Schemel

Früher Florenz, Sammlung Bardini

Toskana um 1570

Toskana um 1540

Rom um 1530

461—463. Büstengestelle und Lesepult

Berlin, Kaiser Friedrich-Museum

Italien 16./17. Jahrhundert

Toskana nach 1550

Italien 17. Jahrhundert

Urbino 16. Jahrhundert

464—467. Büstengestelle und Leuchter

Berlin, Kaiser Friedrich-Museum

Früher München, Sammlung Julius Böhler    Frankfurt a. M., Kunstgewerbe-Museum    London, V. u. A. Museum    Früher München, Sammlung Julius Böhler

468—471. Mittel-Italien 16./17. Jahrhundert: Große geschnitzte und vergoldete Leuchter

Mittel-Italien 16. Jahrhundert

Italien Ende 16. Jahrhundert

Italien 17. Jahrhundert

Ober-Italien spätes 16. Jahrhundert

472—475. Geschnitzte Wandkonsolen

Berlin, Kaiser Friedrich-Museum

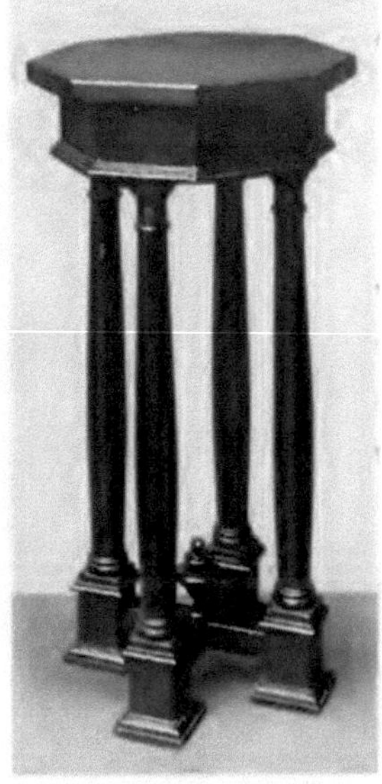

Früher Florenz, Sammlung Bardini

Früher München, Sammlung Julius Böhler

Früher Florenz, Sammlung Bardini

476—479. Ober- und Mittel-Italien 16./17. Jahrhundert: Gestelle und Wandsockel für Büsten

480. 16. (?) Jahrhundert: Spiegelrahmen

Amsterdam, Sammlung O. Lanz

481. Venedig 16. Jahrhundert: Restello

Früher Berlin, Sammlung A. v. Beckerath

Ober-Italien nach 1450. London, V. u. A. Museum

Venedig spätes 16. Jahrhundert. London, V. u. A. Museum

482. 485. Standspiegel mit Schnitzerei oder farbigen Einlagen und Malerei.   483. 484. Intarsia-Platten vom Chorgestühl Abb. 155

Berlin, Kaiser Friedrich-Museum

486—487. Sienesischer Bilderrahmen um 1500 mit reicher Schnitzerei und (in der Mitte) mittel-
italienischer Spiegelrahmen um 1500. Angeblich aus dem Besitz der Lucrezia Borgia

London, V. u. A. Museum

488. Florenz (?) 16. Jahrhundert: Aufsatzstück
Berlin, Schloß-Museum

Florenz, Uffizien Phot. Alinari

489. Michelangelo: Hl. Familie (um 1503) mit dem dazu gehörenden alten Rahmen

Florenz um 1425. Berlin, Kaiser Friedrich-Museum

Florenz 16. Jahrhundert

Lombardei nach 1500. Berlin, Kaiser Friedrich-Museum

Siena (?) nach 1500. Berlin, Kaiser Friedrich-Museum

490—493. Kleine Tabernakel-Rahmen

Lombardei nach 1550

Toskana nach 1575

Venedig um 1500

Toskana 1550

494.—497. Kleine Bilder- und Spiegelrahmen

Berlin, Kaiser Friedrich-Museum

Florenz um 1540. Früher Berlin, Sammlung A. v. Beckerath   Florenz nach 1475. Berlin Kaiser Friedrich-Museum

498—499. Reichgeschnitzte Spiegel- und Tabernakelrahmen

500—501. Venedig Mitte und Ende 16. Jahrhundert: Rahmen mit reichgeschnitzten Giebeln und Konsolen

Früher Florenz, Sammlung Bardini

Venedig (?)

Venedig

Toskana. Berlin, Kaiser Friedrich-Museum

Toskana

502—505. 16. Jahrhundert: Mittelgroße Bilderrahmen mit Malerei oder Schnitzerei

Toskana nach 1525

Toskana um 1500

Venedig um 1500

Venedig nach 1500

506—509. Geschnitzte und bemalte Leistenrahmen

Berlin, Kaiser Friedrich-Museum

Siena um 1550. Früher München, Sammlung Julius Böhler

Venedig um 1550. Wien, Sammlung Figdor

Florenz nach 1560. Wien, Sammlung Figdor

510—512. Bilderrahmen mit Schnitzerei

Berlin, Kaiser Friedrich-Museum

513—514. Venedig nach 1550: Sogenannte Sansovino-Rahmen

515. Giuliano da Maiano und Francione: Flügeltür mit figürlichen Intarsien um 1470

Berlin, Kaiser Friedrich-Museum

516. Giuliano da Maiano und Francione: Flügeltür mit figürlichen Intarsien 1475—1481

Florenz, Palazzo Vecchio. Sala dei Gigli

517—518. Ober-Italien 16. Jahrhundert: Zwei Flügeltüren mit ornamentalen Intarsien

Früher München, Sammlung L. Bernheimer

Phot. Alinari

519. Giovanni di Michele (?): Flügeltür mit Schnitzerei und Intarsien um 1450

Firenze, S. Croce. Gang zur Sakristei

520. Piemont um 1550: Türflügel mit Flachschnitzerei

Turin. Museo Civico

521. Benvenuto Torelli: Sakristeitür und Wandverkleidung 1560 bis 1575

Neapel, Chor von S. Severino

Um 1525 bis 1550

Um 1600

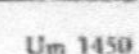

Um 1450

522—524. Toskana und Mittel-Italien: Flügeltüren mit Schnitzerei oder Intarsien

Berlin, Sammlung E. Simon

Phot. Alinari

Lucca, Sakristei von S. Frediano

Berlin, Schloß-Museum

Phot. Alinari

Parma, Museo d'Antichità

525—527. Italienisch 16./17. Jahrhundert: Türflügel mit reicher Schnitzerei

528. Giuliano da Maiano: Türflügel mit Schnitzerei
und Intarsien um 1480

Berlin, Sammlung E. Simon

529. Toskana um 1480: Kalkstein-Portal und
geschnitzte Flügeltür

Berlin, Kaiser Friedrich-Museum

Beide Stücke stammen aus dem Palazzo Ducale in Gubbio

530—531. Bergamo Anfang 16. Jahrhundert: Portale mit reichem Reliefschmuck

Berlin, Kaiser Friedrich-Museum

532. Genua 15. Jahrhundert: S. Georgsportal.

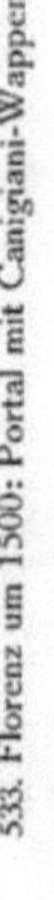

533. Florenz um 1500: Portal mit Canigiani-Wappen

Berlin, Kaiser Friedrich-Museum

Venedig, Ende 16. Jahrhundert

Verona um 1600

534—535. Portale aus Kalkstein und farbigem Marmor

Berlin, Kaiser Friedrich-Museum

536—537. Venedig, Anfang 16. Jahrhundert: Wandbrunnen aus Kalkstein und Marmor

Berlin, Kaiser Friedrich-Museum

Florenz, Museo Nazionale

Arezzo, Palazzo Chianini

Phot. Alinari

538—539. Toskana, 15. Jahrhundert: Kamine

540. Florenz um 1475: Grünlicher Sandsteinkamin von Francesco di Simone Ferrucci

541. Venedig um 1560: Istrischer Kalksteinkamin (Art des Jacopo Sansovino)

542. Art des Desiderio da Settignano: Marmorkamin nach 1450
London, V. u. A. Museum

543. Toskana nach 1450: Marmorkamin von Michelozzo
Florenz, Palazzo Davanzati

Phot. Brogi

544. Ober-Italien nach 1550: Marmorkamin

Bologna, Villa S. Michele in Bosco

545. Giuliano da Sangallo: Marmorkamin um 1510

Florenz, Palazzo Gondi

546. Benedetto da Rovezzano: Sandsteinkamin nach 1500
Florenz, Museo Nazionale

Toskana, Mitte 16. Jahrhundert

Venedig, Ende 16. Jahrhundert

547—548. Kaminverkleidungen

Früher München, Sammlung Julius Böhler

549—550. Italien spätes 16. Jahrhundert: Kaminverkleidungen

Früher München, Sammlung L. Bernheimer

551. Cremona nach 1500: Kaminfries

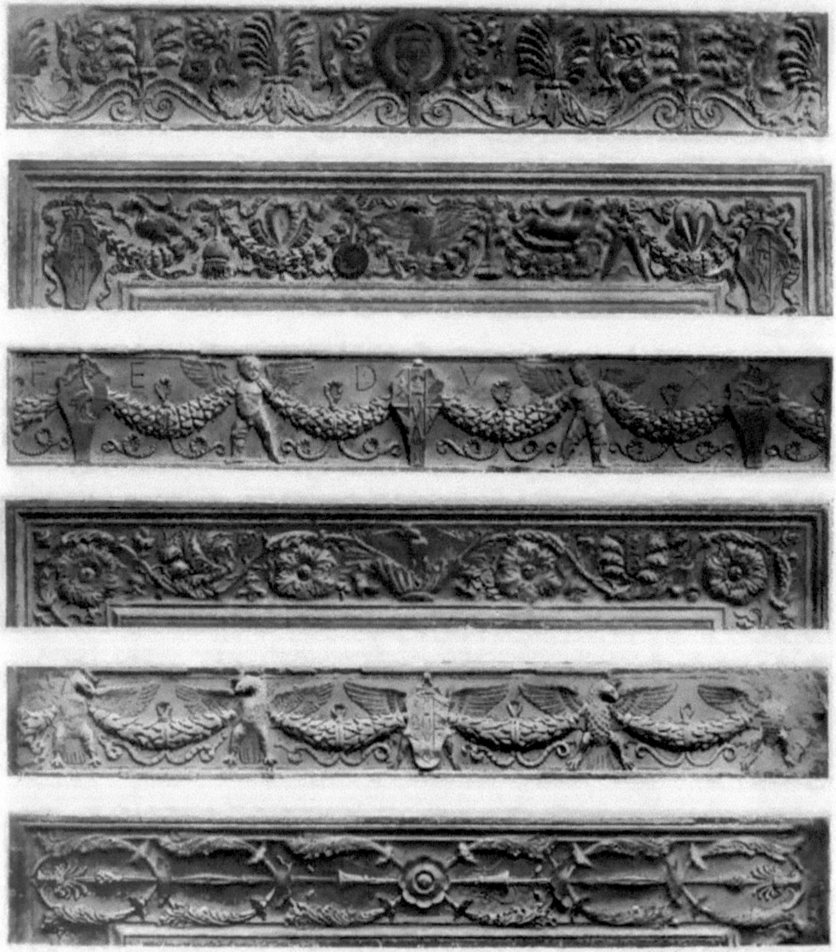

552—554. Mittel-Italien Ende 15. Jahrhundert:
Steinerne Türfriese mit dem Wappen der Montefeltro von Urbino

London, V. u. A. Museum

555. Urbino (?) um 1475: Flachrelief in Kalkstein

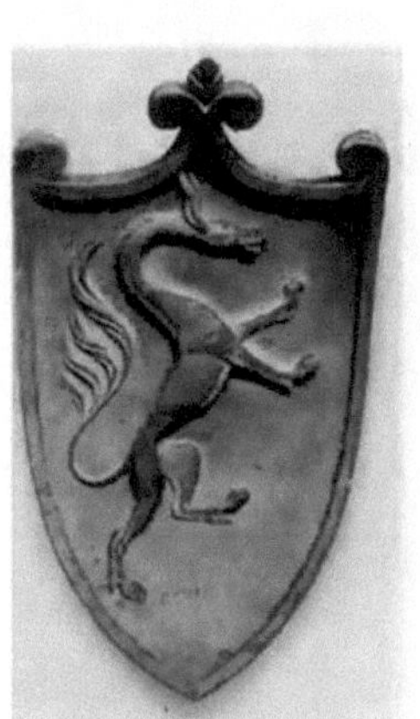

556—558. Venedig und Mittel-Italien 15. Jahrhundert: Steinwappen

559. Urbino nach 1450: Kalksteinfries. Teilstück von einem Kamin (?)

561. Venedig nach 1550: Markuslöwe. Türbekrönung aus vergoldetem Holz

560, 562 – 564. 15./16. Jahrhundert: Steinwappen

Berlin, Kaiser Friedrich-Museum

Venedig um 1500

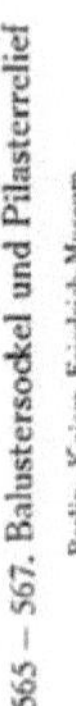

Mittel-Italien (Urbino?) um 1475

Mittel-Italien (Urbino?) um 1550

565 — 567. Balustersockel und Pilasterrelief

Berlin, Kaiser Friedrich-Museum

Früher Florenz, Sammlung Bardini

Früher Florenz, Sammlung Bardini

Berlin, Kunstgewerbe-Museum

Früher Florenz, Sammlung Bardini

568—571. Italien 16./17. Jahrhundert: Gestickte seidene Kissen

572. Italien 16. Jahrhundert: Teilstück einer weißen Leinendecke mit rot besticktem Grund

Berlin, Kunstgewerbe-Museum

573—576. Italien 15. 16. Jahrhundert: Weiß und blaue Leinenwebereien
und rote Stickerei auf weißem Leinen (576)

Berlin, Kunstgewerbe-Museum

577—580. Italien 16. 17. Jahrhundert: Kleingemusterte Samt- und Seidendamast-Gewebe

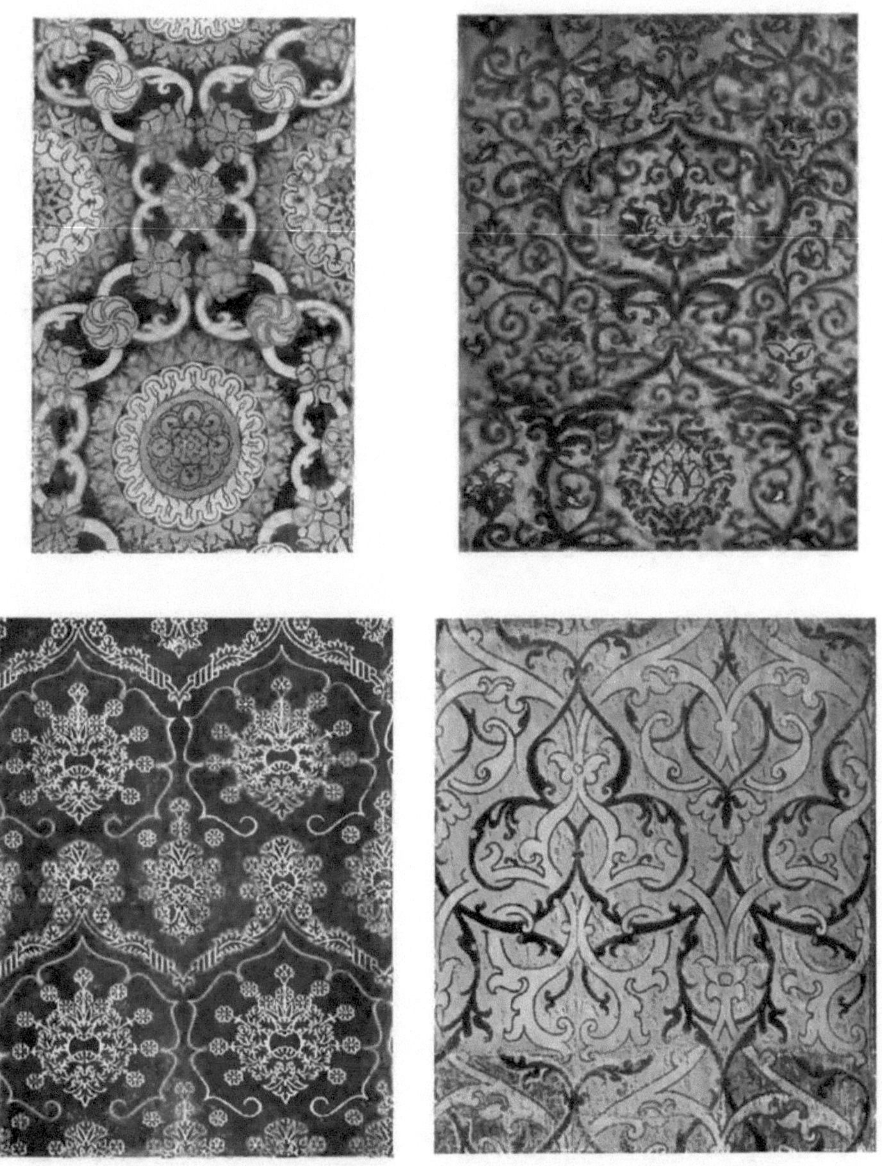

581   584. Italien 16./17. Jahrhundert: Großgemusterte Samt- und Seidendamast-Gewebe,
wahrscheinlich Wandbespannungen

585 — 586. Italien Ende 16. Jahrhundert: Großgemusterte Seidendamaste

587—588. 16./17. Jahrhundert: „Spanische Ledertapeten"

Berlin, Kunstgewerbe-Museum

589. A. Riccio (Venedig nach 1500). Türzieher aus Bronze
Berlin, Kaiser Friedrich-Museum

ERLÄUTERUNGEN

Abkürzungen

Bode = Bode, Wilhelm, Die italienischen Hausmöbel der Renaissance. 2. Aufl. 1920.

Cicerone = Burckhardt, Jakob, Der Cicerone. 10. Auflage, bearbeitet von W. Bode und C. v. Fabriczy. Leipzig 1910.

Erulei = Erulei, Raffaele, Catalogo delle opere d'intaglio e intarsio in legno esposte nel 1885 a Roma. Roma 1885.

Finocchietti = Finocchietti, Demetrio, Carlo, Della scultura e tarsie in legno. Firenze 1873.

Geymüller = Stegmann, Carl von, und Heinrich von Geymüller, Die Architektur der Renaissance in Toscana. München seit 1885.

Lessing = Lessing, Julius, Vorbilderhefte aus dem Kgl. Kunstgewerbe-Museum. Berlin 1889—1905.

Robinson = Robinson, J. C., Italian Sculpture of the Middle Ages and Period of the Revival of Art. South Kensington Museum. London 1862.

Schubring = Schubring, Paul, Cassoni. Truhen und Truhenbilder der italienischen Renaissance. Leipzig 1915.

Stegmann = Stegmann, Carl von, Holzmöbel der Sammlung Figdor. Kunst und Kunsthandwerk. X Wien 1907.

Künstler-Lex. = Thieme, Ulrich und F. Becker: Allgemeines Lexikon der bildenden Künstler. Leipzig seit 1907.

Vasari = Vasari, Giorgio, Die Lebensbeschreibungen der berühmtesten Architekten, Bildhauer und Maler. Deutsch herausgegeben von A. Gottschewsky und G. Gronau. Straßburg seit 1906.

Jahrbuch = Jahrbuch der kgl. preuß. Kunstsammlungen. Berlin.

Amtl. Berichte = Amtliche Berichte aus d. kgl. preuß. Kunstsammlungen. Berlin.

Bardini = Catalogue des Objets d'Art . . . Collection Bardini de Florence. Vente à Londres chez Mr. Christie, 5. VI. 1899 und unter demselben Titel Vente à Londres chez Mr. Christie, 27. V. 1902.

Beckerath = Nachlaß Adolf von Beckerath. Rud. Lepkes Kunst-Auktions-Haus. Katalog Nr. 1755. Berlin 1916.

Vorbemerkung

Die Zahlen am Ende der Beschreibung der einzelnen Kunstwerke sind die Katalog- bezw. Inventar-Nummern der betreffenden Museen. Bei den Werken im Victoria- and Albert (früher South Kensington) Museum in London bezeichnet die zweite Zahl das Anschaffungsjahr (z. B. 69 = 1869). Die Maße sind hier den englischen Katalogen gemäß in Fuß (ft) und Zoll (in.) angegeben, sonst durchgehend in Metern. Wo der heutige Standort nicht zu ermitteln, aber der frühere Besitzer bekannt war, ist dieser letztere angegeben. Steht auf Tafeln mit mehreren Abbildungen die Angabe des Standorts unterhalb der Hauptunterschrift, so gilt sie für alle Stücke auf dieser Tafel. Dagegen beziehen sich Standorte, die dicht unter einem Druckstock stehen, nur auf diesen.

S. IV. Löwenstatuette. Holz. H. 0,14. Körper bronzefarben, Maul und Zähne naturalistisch bemalt. Zierstück von einem Möbel. Venedig (?) nach 1600. (Beckerath Nr. 169)

Nr. 1. Pietra serena. H. 0,48 Br. 1,43. (Beckerath Nr. 32)

Nr. 3 u. 4. Aus der Hypnerotomachia Polifili von Fra Francesco Colonna. Venedig 1499. Verlag Aldus Manutius.

Nr. 8. Hauptwerk des Didomeisters nach Schubring Nr. 222 S. 273.

Nr. 9 u. 10. Aus Bartolomeo Scappi: Dell' Arte dell Cucinare con il Mastro di Casa e Trinciante. Venedig 1643.

Nr. 11. H. 0,33 Br. 0,71. (Beckerath Nr. 137).

Nr. 12 u. 13. Marmor. H. 1,09 ohne die ergänzten, wagerechten Steinbalken. Br. je 0,94. Richtung des Mino da Fiesole. Nr. I E 62.

Nr. 14. Leinwand in mehreren Farben bemalt. H. 1,85 Br. 0,77.

Nr. 15. Nach einem Modell Battista Lorenzis 1585 ausgeführt. Angeblich soll durch die Schwingungen dieser Lampe Galilei (der 1589—92 Professor in Pisa war) zu der Entdeckung des Gesetzes der Pendelbewegung gekommen sein.

Nr. 17. Eisen. Der größte Schlüssel 0,13, der kürzeste 0,07 lang.

Nr. 18. Tannenholz. (?) H. 0,58 Br. 0,89 T. 0,49.

Nr. 19. Erlen- oder Pappelholz. H. 0,60 Ges.-Br. 1,69 T. 0,47. Bespannt mit rotem Sammet, außen vergoldete Stuckreliefs (nicht Schnitzerei). Inv. Nr. 97. 56.

Nr. 20. Nußholz. H. 0,26 Br. 0,865 T. 0,25. Inv. Nr. 05.115.

Nr. 21. Hell gebeizt. H. 0,65 Br. 1,00.

Nr. 23. Nußholz. Braun gebeizt. H. 0,27 Br. 0,465 T. 0,33.

Nr. 26. Nußholz H. 0,475 Br. u. T. 0,33 z. T. vergoldet.

Nr. 28. H. 5³/₄ in. Dm. 13¹/₄ in. Nr. 15757- 59.

Nr. 29. Bernardo Buontalenti (1536—1608) zugeschrieben. Typus der römisch-florentinischen Prunktruhen, die wahrscheinlich nach dem Entwurf bekannter Architekten von florentinischen Schnitzern oder unter deren Einfluß entstanden. Vorlage für Abb. 134 oder ein sehr ähnliches Möbel.

Nr. 30. Sepia. Federzeichnung, wenig laviert. Inschrift spanisch (Ista muestra dice el mastre que non puede acerla sin dorar meno de 120 talleres); aber nach dem Stil der Zeichnung wahrscheinlich von einem der zahlreichen in Spanien tätigen Italiener dort ausgeführt.

Nr. 31. H. 3,60 Br. 2,95. Gemalt für die Scuola di San Giovanni Evangelista. Charakteristisch für Venedig ist die im ersten Stock gelegene große Wohn- und Festhalle, portego genannt. Man beachte die Anfahrt mit Gondeln, die Treppe, die sich gewöhnlich im Palast selbst befindet, den für Ober-Italien charakterist. kleinen Balkon (oben rechts), Kassettendecke, Kamin und Ehrensitz, die Bilderrahmen und Statuen über den Türen in der Halle selbst.

Nr. 32. Ursprünglich in der Vatikanischen Bibliothek. Vor Papst Sixtus IV. kniet der Bibliothekar Platina. Zwischen ihnen Kardinal Giuliano, der spätere Papst Julius II., neben ihm andere Nepoten. Beachtenswert der ganz mit Sammet bezogene, mit Posamenten und großen Nägelknöpfen verzierte Klappstuhl, sowie die reiche Hallen-Architektur. Die Eichenranken an den Pfeilern, entsprechen dem Familienwappen des Rovere-Papstes.

Nr. 33. H. 6 ft 10¹/₂ in. Br. 4 ft 10¹/₂ in. Unten bezeichnet Opus Caroli Crivelli Veneti 1486. Gemalt für S. S. Annunziata in Ascoli, dessen Schutzheiliger St. Emedius, mit einem Modell der Stadt neben dem Engel kniet. Man beachte die Loggia mit Kassettendecke, den Perserteppich, das Schlafgemach mit Wandbrett, Bett und Betpult.

Nr. 34. Fresko. Der Hauptsaal des Krankenhauses, das heute noch demselben Zwecke dient. (Vergl. hier S. X und XXIV l. 2).) Beachtenswert der Metallständer mit Waschgerät.

Nr. 35. Da Fresken der feuchten Luft Venedigs nicht lange standhielten, wurden auch die größeren Wandbilder, wie dieses aus der Serie der Ursulabilder, die sich ursprünglich in der Scuola di S. Orsola befand, seit Ende des 15. Jahrhunderts auf Leinwand gemalt. — Man beachte die einfache Kassettendecke; die grüne Stoffbespannung statt Täfelung, mit hölzerner Leiste; Bett mit Truhen, Betthimmelgestell aus Metall, Wandschrank; den einfachen Schemel, niedrigen Tisch und die übrige Ausstattung.

Nr. 37. Vergl. Schubring: Urbano da Cortona, Straßburg, 1903. S. 25 ff.

Nr. 38. Fresko. Die hohe, mit Intarsien verzierte Täfelung bildet auch das Kopfstück des Bettes. Weiter oben Marmorreliefs mit getöntem Grund. Antikisierendes Gebälk unter der Decke. Betttruhen. In einem in derselben Kirche gegenüber dargestellten Schlafzimmer (Geburt Johanni von Ghirlandaio) hellgetünchte Wände ohne Täfelung. An einer Wand großer Verdura-Teppich.

Nr. 39. Von Robinson (Nr. 7593) irrtümlich Ghiberti zugeschrieben.

Nr. 40. Ein breites, flachgewölbtes Steinportal, auf dessen Stufe ein Pfau und ein Perlhuhn stehen, läßt den hohen, gewölbten Saal mit eingebautem, kleinem Studio wie eine Bühne erscheinen. Links hinten Fenstersitze. Bunter Ziegelfußboden. Das Bild befand sich 1529 in der Slg. von Antonio Pasqualino in Venedig. Ges.-H. 1 ft 6 in. Ges.-Br. 1 ft 2¼ in. Über frühere Zuschreibungen und Schicksale des Bildes s. Katalog der Londoner Nat.-Gal., Foreign Schools Nr. 1418.

Nr. 41. Fresko. Betthimmel an der Decke befestigt. Vorhänge oben zusammengefaßt. Betttruhen. Breiter Kamin mit Reliefs, freiplastischen Figuren und Jahreszahl 1514. Im Hintergrund Thron mit Säulen.

Nr. 42. Fresko. Reiche Wandgliederung. Marmor-Fußboden. Prunkbett mit architektonischem, geschnitztem Betthimmel mit gestickten Streifen und Vorhängen. An der Wand ein runder Spiegel.

Nr. 43. Ferraresisches Schlafzimmer nach 1580. Gewölbte Kassettendecke. Plastischer Wandschmuck. Marmor-Fußboden. Karyatiden an Kamin und Bett. (Vergl. Abb. 30.) Ein ähnliches Bild desselben Künstlers in Florenz, Palazzo Pitti.

Nr. 44. Leinwand (wie Abb. 35). H. 1,41 Br. 2,18. Bez. Victor Carpathius pingebat. Arbeitsraum mit Altarnische. Der Altartisch als Schrank eingerichtet. Kassettendecke. Wandbespannung statt Täfelung, Bortbrett mit Kleinkunst, einem Himmelsglobus u. a.; Möbel ganz oder z. T. aus Metall. Im Kabinett (hinten links) Lesepult auf einem Klapptisch.

Nr. 45. Leinwand. Bis 1657 im Refektorium des Klosters der Crociferi. Eigenartige Füllung der Kassetten der Decke. Bronzener Kronleuchter. Marmorfußboden. Einfache Böcke unter dem Speisetisch. Kredenz mit weißer Decke und Prunkgerät auf dem Gradino. Wandbrunnen mit Marmorbüsten.

Nr. 46. Seltenes Beispiel eines ganz in Holz getäfelten Innenraums. (Finocchietti S. 19.) Nach Bombe (Perugia S. 68) zwischen 1390 und 1403. Der Amtstisch (rechts) ursprünglich im Zunfthaus der Notare, aber aus gleicher Zeit und vielleicht aus derselben Werkstatt.

Nr. 47—60. Pal. Davanzati, Florenz. Via Porta Rossa Nr. 9. Auch Palazzo Davizzi nach den ersten Besitzern genannt. Diese besaßen schon im 13. Jahrhundert mehrere unter sich verbundene Häuser auf demselben Boden und haben den Palast bis auf die Anfang des 16. Jahrhunderts errichtete große Dachloggia im Lauf des 14. Jahrhunderts erbaut. Das Geschlecht erlosch 1623, aber schon 1516 ging der Palast an die Familie Bartolini-Salimbeni und 1576 an

Bernardo Davanzati, einen in seiner Zeit bekannten Historiker und Tacitus-Übersetzer, über. Sein letzter Nachkomme starb 1838. Das Gebäude ward 1911 als Museum eröffnet, nachdem es der jetzige Besitzer Elia Volpi hatte wiederherstellen lassen. Dabei waren in mehreren Räumen überaus wertvolle alte Malereien ans Licht gekommen und z. T. aufgefrischt worden. Die Säle sind z. T. nach diesen benannt; so der Pfauen- und der Papageiensaal (Abb. 53—55), nach den im Fries neben Bäumen und Wappen angebrachten Vögeln. Im Schlafzimmer des 3. Stockwerks (Abb. 58—60) ist die Novelle der Kastellanin von Vergi dargestellt; wahrscheinlich ward sie anläßlich der Hochzeit der Catelana degli Alberti mit Francesco di Tommaso D. 1395 gemalt. (Vergl. Bombe, Mitteilungen des Kunsthistor. Instituts in Florenz, Berlin 1912, 2. Bd., S. 1—26). — Auch in baulicher Hinsicht ist der Palast ein sehr wichtiges Kulturdenkmal. — Die hier abgebildete Ausstattung wurde z. T. während des Weltkrieges in Amerika versteigert und später durch anderes gutes Mobiliar der italienischen Renaissance ersetzt. Auch die zuerst von Volpi hier aufgestellten Möbel sind jünger als das Gebäude, entstammen in der Hauptsache dem 16., einige dem 15. und 17. Jahrhundert. Vergl. „Les Arts" Nr. 116, Aug. 1911.

Nr. 61. Von Ambrogio di Antonio da Milano zwischen 1470 und 1482 in der malerisch weichen, lombardisch-venezianischen Dekorationsweise ausgeführt. Über der Cappella del Perdono (Abb. Baum, S. 57) gelegen.

Nr. 62. Neben der Sala del Consiglio im ersten Stockwerk gelegen. Ohne Fenster war der kleine Raum für alchimistische Studien bestimmt. Die gemalten Schranktüren, die die Wände ringsum umgeben, die Bronzestatuetten und die Fresken weiter oben zeigen Erfindungen der Technik und verwandte Gebiete menschlicher Tätigkeit, sowie Szenen und Einzelgestalten der antiken Geschichte und Mythologie und Familienporträts. — Das Studio ist erst vor einigen Jahren wieder entdeckt und durch Herbeischaffung der Gemälde aus S. Salvi und der Bildwerke aus dem Museo Nazionale zu Florenz in seinem ursprünglichen Aussehen wieder hergestellt worden (Rusconi, Les Arts Nr. 110, Februar 1911, S. 1—7).

Nr. 63. Herzog Cosimo I. Medici hatte 1540 den Palazzo Vecchio in Besitz genommen und ließ die an der Via della Ninna gelegenen Teile als Wohnung ausbauen. Von Vasari — seit 1555 Bauleiter — ist u. a. das nach Leo X. benannte Quartier (Abb. des Hauptsaals hier). Wände aus hellem, graugrünem Marmor mit rosa und hellroter, ebensolcher Dekoration dazwischen. Fresken von Vasari mit Darstellungen aus dem Leben des Papstes, so über dem Kamin die Ernennung von 31 Kardinälen. Marmorbüsten über den Türen: Clemens VII. und Giuliano Medici von Alfonso Lombardi; Leo X. und Lorenzo, Herzog von Urbino, von späteren Künstlern (Vasari a. a. O., VII, S. 187 und Geymüller, IX, S. 2 und 4).

Nr. 64. Der Palazzo die Corte, auch Palazzo Ducale genannt, ist von den Gonzaga im 15. u. 16. Jahrhundert erbaut. Die Sala dei Marmi, der ehemalige Antikensaal — erbaut von Giulio Romano zwischen 1525 u. 1531 — ist mit Stuckreliefs und Grotesken-Malereien aufs reichste verziert (Cicerone S. 256/7).

Nr. 65. Die Scuola (Brüderschaftshaus) entstand 1451 als Gründung illyrischer Schiffer in Räumen des Klosters S. Giovanni di Gerusaleme; seit 1501 neu erbaut und von Carpaccio zwischen 1502 und 1507 mit 9 Gemälden (darunter Abb. 44) geschmückt. (v. Hadeln, Künstler-Lex. VI, S. 37).

Nr. 66. Wandgemälde von Aliense und Marco Vecellio. Die Deckenbilder ursprünglich von Paolo Veronese, aber das Mittelbild — 1797 durch die Franzosen entführt und jetzt im Louvre — ist durch eine Kopie von G. Carlini ersetzt. Der

Marmorkamin — hier nicht sichtbar — von J. Sansovino und Danese Cattaneo.

Nr. 67. Wandbilder: Rechts: Paolo Veronese, Raub der Europa. Neben der Türe rechts: Jacopo Tintoretto, Minerva drängt Mars von Frieden und Fülle zurück. Links: Derselbe, Bacchus, Ariadne und Venus. Hier nicht sichtbar Jacopo Bassano, Jakobs Rückkehr aus Kanaan. Marmorkamin von Tiziano Aspetti. An der Decke: P. Veronese, Thronende Venezia.

Nr. 69. Br. 1,42. Nonnentruhe aus S. Maria Nuova in Florenz.

Nr. 70. Br. 1,68.

Nr. 71. H. 2 ft 5 in. Br. 5 ft 10 ¹/₂ in. T. 1 ft 11 in. Hellgetönte Stuckreliefs, Grund vergoldet. Nr. 8074—'63.

Nr. 72. H. 0,46 Br. 1,50 T. 0,48. Herkunft wie 69. Das Wappen im Kranz zerstört. Zu Seiten heraldischer Hermelin und Lichterrad als Symbole der Keuschheit und Wachsamkeit. Ähnliche Truhe mit der Devise der Medici in Wien, Sammlung Figdor. (Schubring Nr. 29, S. 225).

Nr. 73. Aus S. Maria Nuova in Florenz. Malerei: Abwechselnd Edelfrau auf der Jagd und Edelfräulein mit Kavalier am Liebesbrunnen. Außerdem in der oberen Reihe Wappen der Capponi-Bonciani und Larioni. Eine sehr ähnliche Truhe in London V. u. A. Museum Nr. 317—'94. (Schubring Nr. 17, S. 222 u. Schiapparelli a. a. O. S. 260.)

Nr. 74. Vergoldete Stuckreliefs nach Stoffmustern. Geflügelte Greifen in rautenartigen Feldern. H. 0,68 Br. 1,75 (Mitteilungen d. Städt. Kunstgewerbe-Museums zu Leipzig 4. VI. 1913. S. 38 u. Schubring Nr. 8, S. 220).

Nr. 75. Truhenbrett. H. 0,39 Br. 1,65. Paradiesgarten mit Granatbäumen und angekettetem Wiesel, das ein Adler bedroht. In der Mitte statt dessen angeketteter Hund. Erklärung der Alegorie bei Schubring Nr. 58, S. 231/2.

Nr. 76. Rautenartige Felder mit steigenden, geflügelten Löwen.

Nr. 77. Nußholz. H. 0,87 Br. 1,70 T. 0,58. Vergoldete Stuckreliefs. Bemalter Fries um das Mittelfeld: Gold auf blauem Grund. Eine nur in den Füßen und ganz geringen Einzelheiten im Relief nicht übereinstimmende Truhe in London V. u. A. Museum Nr. 718—'84. (Vergl. hier S. XVII l. 2).)

Nr. 78. H. 1,09 Br. unten 1,32 T. 0,62. Außen jetzt rotbraun; innen vergoldet und bemalt. In der Mitte der Front südtirolerisches Maßwerk. Die Sterne zu Seiten in der Grundform von orientalischen Motiven abhängig, aber mit Maßwerk-Motiven gefüllt. An der Innenseite des Deckels gemalte Ornamente im Stil der italienischen Frührenaissance. Reiche Inneneinrichtung, auch im Sockel ein Schubfach. (J. v. Falke, Amtl. Berichte 1909, S. 284).

Nr. 79. H. 0,46 Br. 1,68. Art des A. Pollaiuolo. In der Mitte Paris-Urteil; links Hermes (?), rechts Thetis, Achill badend. (Schubring Nr. 69, S. 233 u. Bode S. 6).

Nr. 80. Schubring Nr. 755, S. 39.

Nr. 82. H. 23 in. Br. 5 ft 9 in. T. 23 ¹/₂ in. Nr. 52—'81.

Nr. 83. H. 1,96 Br. 0,59. Darstellung: Triumph der Keuschheit und der Liebe. Malereien nach Schubring (Nr. 697, S. 379) von Nicc. Giolfino, nach Trecca (Catalogo del Museo Civico 1912, S. 20) von Liberale da Verona.

Nr. 84. Nach Schubring (Nr. 630, S. 364/5). Malereien von Montagna: Römische Keuschheitslegenden. Auf dem Gegenstück in demselben Museum eine Reiterschlacht und ein Widderopfer. (Vergl. auch Bode S. 35).

Nr. 85. Bemalt. Die Ornamente z. T. vergoldet. H. 0,64 Br. 1,875 T. 0,53. In der Mitte Szenen aus der Romulussage. (Schubring Nr. 890, S. 418).

Nr. 86. H. 0,46 Br. 1,24 T. 0,49. Auf dem Deckel Intarsien.

Nr. 87/8. H. 0,57 Br. 1,23. Reiche Innen-Einrichtung. (Schubring Nr. 740/1, S. 387 u. Bode Nr. 41, sowie hier S. XVIII r. 2).

Nr. 89. Nußholz, braun gebeizt. H. 0,50 Br. (hinten) 1,66 T. 0,45. Helle Intarsien auf dunklem Grund: am Sockel Mäanderfries, am Körper Perlstab aus sechseckigen Scheiben und Zylindern und feine Parallellinien. Eine sehr ähnliche Truhe im Schloß-Museum in Berlin. Nr. I E 48.

Nr. 90. Nußholz. Hellbraun gebeizt. H. 0,84 Br. 1,93 T. 0,73. Intarsien in bunten z. T. gefärbten Hölzern (schwarz, braun, rötlich-braun, gelb und grün): Perspektivisch gesehene, geometrische Muster und in den Frontfeldern je 3 Brunnenbecken zwischen zinnenbekrönter Architektur. Seitlich je ein Brunnen mit Architektur. Eine sehr ähnliche Truhe in Frankfurt a. M., Liebighaus. Nr. I E 141.

Nr. 91. Nußholz. Braun gebeizt. H. 0,52 Br. u. T. am Deckel 2,34 u. 0,42. Intarsien hell auf dunklem Grund: Komplizierte Flechtbänder und Perlstab. Eine Wiederholung in Amsterdam, Ned. Museum voor Geschiedenes en Kunst. Nr. I E 48.

Nr. 92. Nußholz. Hellbraun gebeizt. H. 0,87 Br. 2,13 T. 0,71. Intarsien in bunten Hölzern (schwarz, braun, gelb): Unten perspektivisch verkürzte Rahmenquadrate, oben Rosettenbänder und Rankenfriese, dazu vorn vier, seitlich je eine Brunnenarchitektur. Auf dem Deckel Rankenornament. Eine sehr ähnliche Truhe mit Burgen in den Füllungen in Mailand, Castello Sforzesco. (Vergl. auch Nr. 94). Nr. I E 116.

Nr. 93. Nußholz. H. 22 in. Br. 6 ft 1 in. T. 19 ¹/₂ in. Intarsiafriese und schwarze gemalte Ornamente. Nr. 884—'84.

Nr. 94. Nußholz. H. 2 ft 10 in. Br. 7 ft T. 2 ft 9 in. Intarsien: Geometrische Motive, am Sockel perspektivisch verkürzt. Auf dem Deckel Wappen der Rospigliosi in Rom. Stammt aus einer Villa dieser Familie bei Pistoia. Nr. 5924 — '59.

Nr. 95. H. 0,75 Br. 1,92 T. 0,74. Aus dem Besitz von Miller von Aichholz.

Nr. 96. Nußholz. Die Schnitzereien zum Teil vergoldet. H. 1,04 Br. 2,23 T. 0,70. Art des Cronaca. Für Maria Medici anläßlich ihrer Vermählung mit einem Strozzi 1512 entstanden. Deshalb ist außer dem Medici-Wappen immer wieder der Halbmond aus dem Strozzi-Wappen als Verzierung — auch in den Friesen — angebracht. Die Malerei primitiver als Aufbau und Schnitzerei (Schubring Nr. 795, S. 399).

Nr. 97. Geschenk Sigismondo Malatestas an Isotta da Rimini. Inschrift unter dem Deckel: Mihi sola sine exemplo placuisti. Die Mischung von Renaissance-Motiven (an Pilastern und Steilvoluten) und gotischem Maßwerk (in den Füllungen) ist charakteristisch für die von Venedig beeinflußte Kunst der Marken (Schubring Nr. 557, S. 351).

Nr. 99 u. 100. Sog. Champlevé-Technik: Der ausgestochene Grund im Gegensatz zu deutschen Schnitzwerken dieser Art mitunter punziert oder mit einer farbigen Paste ausgefüllt. Nr. 99. Verkündigung zwischen Rankenwerk. H. 0,38 Br. 0,55 T. 0,27. Bode S. 32/3 u. Stegmann S. 137/8. Nr. 100. H. 0,60, Br. 1,825, T. 0,57. In der Mitte Liebesbrunnen; links das Liebespaar in Amors Palast; rechts die Vermählung (Schubring Nr. 743, S. 388).

Nr. 101. Nußholz. H. 0,62 Br. 1,91 T. 0,58. Klare, ausdrucksvolle Gliederung und besonders sorgfältige Arbeit. Richtung des Peruzzi. Sehr ähnliche Truhen in München, National-Museum und Rom vormals Sammlung Sangiorgi. Nr. I E 197.

Nr. 102. Nußholz. Schwarzbraun gebeizt. H. 0,59 Br. 1,92 T. 0,60. Eigenartige Verzierungsweise vorn und an den Seiten. (Vergl. hier S. XX l. u. XXXI). Als Flankenbetonung kommen trygliphenartige Bildungen an einer Truhe im Berliner Schloß-Museum (Lessing, 12, Taf. 11) vor. Nr. I E 10.

Nr. 103. Nußholz. H. 0,56 Br. 1,70 T. 0,54. In der Schnitzerei Reste alter Vergoldung. Nr. I E 99.

Nr. 104. Nußholz. Dunkelbraun gebeizt. H. 0,98 Br. 1,95 T. 0,71. Die Front fast indentisch und von gleicher Ausführung wie die pultartige Schranke im Cambio zu Perugia, von Domenico del Tasso, dem Werkstattsgenossen Giulianos da Maiano (1490—1493). Der Truhentypus kommt häufig bei Florentiner Truhen vor, aber nicht immer in so guter Schnitzerei (im Museo Nazionale, Palazzo Davanzati u. a.

O.). (Schottmüller, Amtl. Berichte XXXIX. 1917/8, S. 88/9.) Nr. I E 256.

Nr. 105. Nußholz. Dunkelbraun gebeizt. H. 0,465 Br. 1,51 T. 0,47. Eiserne Handgriffe an den Schmalseiten. Besonders feine Schnitzerei. Stil und Herkunft wie Nr. 101 u. 103. Nr. I E 368.

Nr. 106. Nußholz. Dunkelrotbraun gebeizt. H. 0,65 Br. 1,69 T. 0,58. Einfache Handgriffe an den Schmalseiten. Das Wappen ist das der in Verona und Lodi ansäßigen Familie Borsa (rote, offne Börse und drei Sterne). Auch der Stil spricht für die Herkunft aus Verona. Nr. I E 58.

Nr. 107. Nußholz. Dunkelrotbraun gebeizt. H. 0,56 Br. 1,71 T. 0,56. In der Mitte Umbildung des geflügelten Chronos in einen Gott der Zeit, der statt Hippe und Sanduhr die Sonne trägt. Vergl. auch die reicheren z. T. jüngeren Truhen dieses Typus, so Nr. 112 u. 133. Nr. I E 60.

Nr. 108. Nußholz. Dunkelbraun gebeizt. H. 0,75 Br. 1,77 T. 0,55. Die Dekorierung typisch für Bologna; kommt aber auch in Mittel-Italien vor; so im Museo Nazionale zu Florenz (Brogi 9190) und in Foligno, Palazzo Elmi. Wappen: Familie del Drago oder Malvasia in Bologna. Nr. I E 367.

Nr. 109. Nußholz. H. 0,56 Br. 1,55 T. 0,45. Schnitzerei und intarsierter Grund. Das Wappen als das der Piccolomini angesprochen, doch führen diese fünf Halbmonde auf blauem Kreuz in silbernem Felde. Dies angeblich Wahrzeichen der Crescenzi in Rom. Doch soll die Truhe aus Siena stammen und entspricht auch ebenso dem Stil von Siena, wahrscheinlich aus dem Umkreis B. Peruzzis. Nr. I E 191.

Nr. 110. Nußholz. Schwarzbraun gebeizt. Zweiteilig. H. 0,55 Br. (hinten) 1,80 und 1,46 T. 0,46. Entschiedener Einfluß Michelangelos. Vergl. hier S. XXXI. Nr. I E 372.

Nr. 111. Nußholz. (?). H. 0,63 Br. 1,75 T. 0,58. Stammt aus der Gegend von Brescia und gehört nach Aufbau und Verzierung zu einer Gruppe von Arbeiten, die angeblich in dem Landstrich zwischen Verona und Bergamo entstanden sind. Das Wappen kommt häufig vor. Nr. I E 59.

Nr. 112. Nußholz. (?). H. 0,52 Br. 1,07 T. 0,54. Oberitalienisch unter venezianischem Einfluß. Eine Truhe, ähnlich in Form und Schmuck, aber mit ovalen Malereien zu Seiten eines geschnitzten Wappens im Museum von Schwerin, ist von Schubring (Nr. 882) als Venezianisch um 1540 veröffentlicht. Nr. I E 61.

Nr. 113. Nußholz. H. 0,63 Br. 1,75 T. 0,575. Die hellen Stuckeinlagen, in Nachahmung von Intarsien geschaffen, sind typisch für Bologna nach 1550.

Nr. 114. Wahrscheinlich venezianisch.

Nr. 115. Sehr späte und nicht ganz glückliche Zusammenstellung verschiedener Renaissance-Motive.

Nr. 116. Nußholz. Dunkelrotbraun gebeizt. Schmalseiten glatt. Schnitzerei z. T. vergoldet. H. 0,55 Br. 1,69 T. 0,53. Füße falsch ergänzt. (Vergl. Nr. 117 u. 118). Ähnliche Truhen und Truhenwände in Poggio a Caiano bei Florenz, der Engelsburg zu Rom, dem Museum für Kunst und Gewerbe in Wien u. a. O. Nr. I E 27.

Nr. 117. Nußholz. H. 0,57 Br. 1,76 T. 0,53. Die Ovalfüllung erinnert an venezianische Motive. Die flankierenden Palmetten ähnlich an der Cassapanca Nr. 187. Nr. I E 26.

Nr. 118. Nußholz. Dunkelrotbraun gebeizt. H. 0,57 Br. 1,70 T. 0,55. Schmalseiten glatt; eiserne Handgriffe. Nr. I E 242.

Nr. 119. Nußholz H. 0,53, Br. 1,89, T. 0,59. Wahrscheinlich Siena.

Nr. 120. H. 0,57 Br. 1,73 T. 0,54.

Nr. 121. H. 0,51 Br. 1,40 T. 0,44. (Vergl. hier S. XIX l.).

Nr. 122. Nußholz. Dunkelbraun gebeizt. H. 0,63 Br. 1,71 T. 0,65. Nr. I E 369.

Nr. 123. Nußholz. Schwarzbraun gebeizt. H. 0,62 Br. 1,55 T. 0,45. Sehr ähnliche Truhe mit anderem Wappen in Rom,

Engelsburg; Aufbau und Profilierung kommen, leicht variiert, auch in Toskana vor. Nr. I E 72.

Nr. 124. Nußholz. Hellbraun gebeizt. H. 0,62 Br. 1,55 T. 0,45. Zwei fast gleiche Gegenstücke. Wappen: Eiche vom Weinstock umrahmt. Diese edle Sarkophagform kommt leicht abgewandelt und oft reicher verziert häufig vor, so in Leipzig Kunstgewerbe-Museum (hier Nr. 135, Florenz, Museo Nazionale, Rom, Engelsburg und mit figürlichen Reliefs, hier Nr. 132, 134, 138).

Nr. 125—129. Nußholz. Hellbraun gebeizt. H. 0,69 Br. 1,86 (u. 1,85) T. 0,62. Z. T. vergoldet. Die beiden Truhen stimmen in Aufbau, Profilierung, Eckfiguren und Mittelrelief der Front miteinander überein. An der einen sind außerdem vorn Huldigungsszenen (vor einem Kriegsfürsten und vor einem Gott, Nr. 125) und an den Schmalseiten Trophäen (Nr. 127) angebracht. An der zweiten: vorn Apollo und Diana töten die Niobiden; an den Schmalseiten je ein Knabe mit einem Dreizack auf einem Hippokampen oder Seetier reitend. Diese und ähnliche Truhen mit figürlichen Reliefs sind wahrscheinlich nach Entwürfen römischer Künstler in der Art des Polidoro da Caravaggio — öfters in mehreren, variierten Exemplaren angefertigt worden. (Vergl. hier Nr. 139. — Nr. I E 102 u. 103.

Nr. 130. In der Grundform noch die Tradition des 16. Jahrhunderts, während die Verzierung die malerische Unruhe des Barock besonders ausgeprägt zum Ausdruck bringt.

Nr. 132. Nußholz. H. 0,75 Br. 1,79 T. 0,60. Deckel (H. 0,115) ergänzt. Dunkelbronzefarben patiniert. An der Front Poseidons Triumphzug. Eine Truhenwand mit derselben Darstellung war 1875 auf der Historischen Ausstellung in Frankfurt a. M. (Photo in der Bibliothek des Berlin. Kunstgew.-Mus.; Schubring Nr. 893, S. 418).

Nr. 133. Vergl. die älteren Truhen mit ähnlichem Aufbau Nr. 107 u. 112.

Nr. 134. Der Entwurf zu dieser oder sehr ähnlicher Truhe hier Abb. 29.

Nr. 135. Nußholz. H. 0,78 Br. 1,90 T. 0,68. Inv. Nr. 08. 24.

Nr. 137. Nußholz, z. T. vergoldet. (Schubring Nr. 854, S. 411.)

Nr. 138. Nußholz, z. T. vergoldet. H. 2 ft 3 in. Br. 5 ft 7 in. T. 1 ft 10 in. In der Mitte Wappen der Dellini. Zu Seiten gefesselte Frauenhermen, Sturz des Phaeton und drei Szenen aus der Daphne-Sage. Wie das auch im V. u. A. Museum befindliche Gegenstück mit dem Lancelotti-Wappen, Apollon, den Python tötend und drei Szenen aus der Phaeton-Sage, zur Heirat der Giulia Delfini mit Paolo Lancelotti in Rom 1570 angefertigt (Schubring Nr. 866, S. 413). Nr. 4417—'57.

Nr. 139. Nußholz. H. 0,76 Br. 1,78 T. 0,59. Dunkelbronzefarben gebeizt, z. T. vergoldet. Die Darstellung: Tod der Niobiden ist wahrscheinlich nach demselben Entwurf wie hier Nr. 129, und eine Truhe in Schloß Glienicke bei Berlin geschnitzt worden. An der Seite Trophäen. (Schubring Nr. 858, S. 412).

Nr. 140. Nußholz. Eigenartige, lang gestreckte Form.

Nr. 141. Nachahmung von Geflecht in Schnitzerei. Ein Marmorsarkophag, angeblich aus dem 15. Jahrhundert, der in Form und Oberfläche einem geflochtenen, wannenförmigen Korb nachgebildet ist, in Florenz, S. Lorenzo.

Nr. 142—144. Kleine Holzkästen mit hellen Pastigliareliefs (vergl. hier S. XX). Nr. 142 u. 143. 14. Jahrhundert. Nr. 144 um 1450. H. 0,25 Br. 0,40 T. 0,27.

Nr. 145. H. 4 7/8 in. Br. 16 1/8 in. T. 6 5/8 in. Bemalt und vergoldet mit eingeritzten Punkt-Mustern. Im V. u. A. Museum als Siena 14. Jahrhundert. Nr. 485—'99.

Nr. 146. Nußholz. H. 0,35 Br. 0,62 T. 0,30.

Nr. 147. Nußholz mit bunten Marmoreinlagen. Ähnliche Kassetten in Berlin, Sammlung v. Dirksen, in Florenz, Palazzo Vecchio u. a. O.

Nr. 148. Nußholz. H. 0,33 Br. 0,525 T. 0,345. Z. T. vergoldet. Wappen bemalt.

Nr. 149. Nußholz. Dunkelbraun gebeizt. H. 0,33 Br. 0,65 T. 0,41. Z. T. vergoldet.

Nr. 152. Nußholz. Hell gebeizt. H. 2,10 Br. 2,00. Die Konsolen unter dem Sitz z. T. ergänzt.

Nr. 153. Im Herbst 1523 begannen wahrscheinlich in Rom die Verhandlungen für den Bau der Bibliothek von S. Lorenzo (Laurenziana) mit Michelangelo. Seine von Florenz eingesandten Entwürfe wurden in den nächsten Jahren auf Wunsch Papst Clemens VII. mehrmals geändert, während der Rohbau schon im Gange war. Am 2. August 1524 wird nach den „banchi", ihrer Entfernung von einander und der Zahl der Bücher auf jedem Pult gefragt. Am 3. April 1526 wünscht der Papst Nußholz für die Bänke, die durch drei Gänge in zwei Reihen gegliedert werden. Am 17. Juni hofft Michelangelo die Ausstattung in vier Monaten vollenden lassen zu können, aber die Arbeit wird in den nächsten Jahren wenig gefördert. Im Juli 1533 neue Verhandlungen. Wahrscheinlich sind bald darnach die Bänke an Battista del Cinque und Ciappino verdungen worden. Der Entwurf zu einer Bank im Museo Buonarroti in Florenz (Thode, Michelangelo. Kritische Untersuchungen II, Berlin 1908, S. 113 bis 120 u. 136).

Nr. 154—155. Die drei Bänke, die längere mit 10, die kürzeren mit je 5 Sitzen, im K. F. M. befanden sich seit der napoleonischen Zeit in der Villa Monastirlo des Principe Castellbarco in der Brianza (nördlich von Mailand) im Pferdestall. Dort entdeckte sie der Florentiner Kunsthändler Bardini und setzte die Fragmente neu zusammen. Dabei sind die Sitze fest und mit einer Vorderwand gebildet, statt offen und zum Hochklappen (vergl. hier 150 u. 156—157) und die Konsolen, die wahrscheinlich weiter oben saßen, als Armstützen angebracht worden. Zwei Bänke gleicher Herkunft in Paris, Musée André. — Auf dem Buch des hier nicht abgebildeten hl. Bartholomäus die Inschrift in Kapitalen: Hoc est de Marchis Pantaleonis opus.
Der Künstler wird 1492 zum ersten Male urkundlich erwähnt und hat später, z. T. nach Borgognones Entwürfen, das prächtige Gestühl der Laienbrüder in der Certosa bei Pavia geschaffen. Nußholz, mittelbraun gebeizt. H. 1,98 Br. 7,20, 3,74 u. 3,70. (Schottmüller, Jahrbuch XXXVI (1915), S. 175 und Bode: Das Chorgestühl des Pantaleone de'Marchis, Berlin 1884, Nr. I E 344—346).

Nr. 156. Die Innenausstattung des 1444 von Cosimo Medici begonnenen Palastes ward 1459/60 unter seinem Sohne Piero vollendet. Eine Gesamtansicht der aufs Prächtigste ausgeschmückten Kapelle bei Baum a. a. O. S. 56. Die spätere Verbreiterung der Treppe machte einen Einbau (auf der Abbildung nicht sichtbar) und die Entfernung einiger Sitze des Gestühls nötig, die in den Kunsthandel gelangten. Die Intarsia-Motive in den großen Feldern noch gotisch, die der Schnitzerei Renaissance.

Nr. 157. Die Intarsien sind frühe Arbeiten von Baccio d'Agnolo (zwischen 1491 u. 1496), die Schnitzereien nach einer Zeichnung Vasaris etwa 75 Jahre später erneut worden. (Limburger, Künstler-Lexikon II, S. 358).

Nr. 158—171. Vergl. Nr. 154—155.

Nr. 172. H. 2,70 Br. 2,24 T (oben) 0,42. Stammt aus einer Synagoge in Siena. Im oberen Feld (jetzt durch den Stoff verdeckt) hebräische Buchstaben. Die Schnitzereien vergoldet auf blauem Grund. (Lessing, 14, Taf. II und Bode, S. 24, Abb. 86).

Nr. 173. Nach dem Tode Giuliano Medicis, Herzogs von Nemours (1478—1516), kam der Thron in den Besitz der Strozzi, die ihn erst im Palazzo non Finito (Via dei Ballestrieri), dann in ihrer Villa Belvedere aufstellten, dann als Heiratsgut an den Grafen Nuti, 1872 an den Fürsten Demidoff,

Florenz und 1880 an den Grafen Pio Resse. — In neuerer Zeit überarbeitet und mit modernen Intarsien versehen. Bode, S. 11 u. Erulei, S. 149—152.

Nr. 176. Nußholz. H. 1,885 Br. 1,77.

Nr. 177. Nußholz. Dunkelbraun gebeizt und in neuerer Zeit poliert. H. 1,12 Br. u. T. in Sitzhöhe 2,65 u. 0,79. Unten r. u. l. Quaratesi- und Ruccelai-Wappen. Der Sitz z. T. aufzuklappen. Nr. I E 337.

Nr. 178. Nußholz. Hellbraun gebeizt. H. 1,52 Br. u. T. in Sitzhöhe 3,63 u. 0,485. Zwei Deckel zum Aufklappen im Sitz, Intarsien, Mäander, Zickzack-, Rhomben-, Rosetten- und Schraubenbänder und Perlschnüre. Nr. I E 34.

Nr. 179. Nußholz. Braun gebeizt. H. 0,95 Br. 1,91 T. 0,57 (T. des Sitzes 0,36). Die Rückenlehne ist die Front eines flachen, bis zum Boden reichenden Kastens mit Deckel. Nr. I E 341.

Nr. 180. Nußholz. Dunkelbraun gebeizt. H. 1,02 Br. 1,54 T. 0,50. Nr. I E 340.

Nr. 181. Nußholz. Dunkelbraun gebeizt. H. 1,12 Br. u. T. in Sitzhöhe 2,66 u. 0,86.

Nr. 183. Nußholz. Dunkelbraun gebeizt. H. 0,51 Br. 2,08 T. 0,35. Ionisierende, nach unten verjüngte Pilaster, die in ihrer straffen Form an michelangeleske Motive erinnern. Nr. I E 203.

Nr. 184. Nußholz. Braun gebeizt. H. 0,99 Br. u. T. in Sitzhöhe 2,68 u. 0,77. Der Deckel z. T. aufzuklappen. Intarsien: Flechtbänder. Nr. I E 194.

Nr. 185. An den Füßen das Strozzi-Wappen (3 Halbmonde, vergl. hier Nr. 96) angebracht.

Nr. 186. Die geschickt verteilten Schnitzereien erinnern an die der Bücherbänke der Laurenziana (hier Nr. 153).

Nr. 187. Vormals in Florenz, Slg. E. Volpi. Vergl. Bode, S. 10, Nr. 21 u. hier Nr. 117.

Nr. 189 u. 191. Nußholz. Dunkelrotbraun gebeizt. H. 1,07 Br. u. T. in Sitzhöhe 6,82 u. 0,95. Stammt aus Neapel. Nr. I E 22.

Nr. 190. Nußholz. Dunkelrotbraun gebeizt. H. 0,99 Br. 2,33 T. 0,47.

Nr. 193. Das Motiv liegender Gestalten auf flachen Voluten an Michelangelos Mediceer-Gräbern hat Vasari an der Arnofassade der Uffizien, wie auch andere Baumeister, nachgeahmt; ebenso ist es hier   der andern Aufgabe und dem andern Material gemäß umgebildet — aufs glücklichste verwendet worden.

Nr. 195. Teil der oberen Hälfte der Sakristeischränke. Angeblich 1440—1456 von Giovanni di Michele gearbeitet (Cicerone S. 226 e). Dem Stil nach vom Anfang des 16. Jahrhunderts. (Vergl. Baccio d'Agnolo, hier Abb. 157).

Nr. 196—197. Vergl. hier S. XXI/XXII.

Nr. 198. Die Schatzkammer   hinter dem Studio Francescos I. Medici gelegen — ist in denselben Jahren wie dieses unter Vasaris Oberleitung ausgebaut worden. (Vergl. hier Abb. 62).

Nr. 199. Die Gotik beherrschte den Stil des abgelegenen Grenzgebietes noch während der Frührenaissance, ja ist noch zu Anfang des 16. Jahrhunderts hier anzutreffen.

Nr. 201. Nußholz. Dunkelbraun gebeizt. H. 0,95 Br. 3,37 T. 0,78. Intarsien: In den schmalen Rahmenleisten und auf der Deckplatte helle Linien, am Sockel Mäander, und dicht unter der Platte Fries von verflochtenen Quadraten. Die Handgriffe jünger. Nr. I E 43.

Nr. 202. Nußholz. Dunkelbraun gebeizt. H. 0,95 Br. 3,75 T. 0,78. Beide Kredenzen stammen wahrscheinlich aus Refektorien.

Nr. 203. Nußholz. Dunkelbraun gebeizt. H. 1,06 Br. 1,87 T. 0,54. Holzknäufe. — Von ähnlichem Stil und vielleicht aus derselben Werkstatt wie Nr. 209 und 354. Nr. I E 241.

Nr. 204. Nußholz. Hellbraun gebeizt. H. 1,125 Br. 1,80 T. 0,65. Reste von Vergoldung in der reichen Schnitzerei. Stammt aus Florenz, Palazzo Martelli. Ovale Rosettenfüllungen und nach unten verjüngte Pilaster kommen auch an der weniger fein gearbeiteten Kredenz Nr. 212 und sonst vor; erstere auch an Türflügeln der Zeit, so in Prato, Palazzo Communale. Nr. I E 77.

Nr. 205. Eine sehr ähnliche Kredenz aus derselben Werkstatt in Stettin, Slg. Dr. Töpfer (Abb. bei Bode, Taf. XXVIII).

Nr. 206. Nußholz. Braun gebeizt. H. 0,88 Br. 1,32 T. 0,45. Modern aufpoliert. In den Ornamenten Reste von Vergoldung. Die Gliederung durch Rhombus und Mittelrosette kommt öfters an Möbeln, auch auf Bildern — wie Peruginos Vision des hl. Bernhard in München, A. Pinakothek — vor. Nr. I E 339.

Nr. 207. Br. 2,43.

Nr. 208. Vergl. das sehr ähnliche Rosettenmotiv bei Nr. 296 und 211 und die Holzknäufe 203; wahrscheinlich auch aus Siena.

Nr. 209. Nußholz. Dunkelbraun gebeizt. H. 1,25 Br. 2,287 T. 0,88. Geschnitzte Löwenköpfe, bronzene Ringe. Scharniere ergänzt. Vielleicht aus der Werkstatt Baldassare Peruzzis Vergl. hier Nr. 203 u. 354. Nr. I E 316.

Nr. 210. Nußholz. Braun gebeizt. H. 0,90 Br. 0,94 T. 0,39. Bronzeknäufe. Nr. I E 130.

Nr. 211. Nußholz. Braun gebeizt. H. 1,02 Br. 0,90 T. 0,48. Sehr feine Schnitzerei. Nr. I E 85.

Nr. 212. Nußholz. Braun gebeizt. H. 0,90 Br. 0,88 T. 0,44. Bronzene Türzieher und Knäufe. Vergl. Nr. 204. Nr. I E 129.

Nr. 213. Nußholz. Dunkelbraun gebeizt. H. 1,33 Br. 0,705 T. 0,675. An den Schmalseiten kleine Felder mit Fratzen. Nr. I E 326.

Nr. 214. Nußholz. Dunkelbraun gebeizt. H. 1,10 Br. 0,87 T. 0,37. Bronzener Türring. Besonders feine Schnitzerei. Vergl. hier S. XXXI Nr. I E 77.

Nr. 216. Reichere Ausbildung des Rhomben-Motivs (vergl. Nr. 206).

Nr. 218. Der stufenartige Aufsatz (gradino) ist in verschiedenartiger Form wahrscheinlich auf vielen Kredenzen vorhanden gewesen, aber nur ausnahmsweise erhalten. (Vergl. Abb. 20).

Nr. 219. Nußholz. Dunkelbraun gebeizt. H. 1,17 Br. 0,86 T. 0,42. Eiserne Handgriffe. Deckplatte aufzuklappen. Nr. I E 227.

Nr. 220. Nußholz. Dunkelbraun gebeizt. H. 1,19 Br. 1,14 T. 0,57. Feine Schnitzerei. Sienesisch? Nr. I E 245.

Nr. 222. Br. 1,64.

Nr. 223. Nußholz. Dunkelrotbraun gebeizt. H. 1,12 Br. u. T. der Platte 2,29 u. 0,63. Holzknäufe. Die Verzierung durch Nägel mit breiten blanken Metallköpfen ist typisch für Bologna. Nr. I E 254.

Nr. 224. Nußholz. Dunkelrotbraun gebeizt. H. 1,24 Br. 2,02 T. 0,77. Bronzene Türzieher. Wenig glücklich das Verhältnis zwischen dem sehr mageren Sockel und lastenden oberen Abschluß. Nr. I E 240.

Nr. 225. Br. 1,80.

Nr. 226. Br. 1,96 T. 0,70.

Nr. 229. Nußholz. H. 1,31 Br. 2,28 T. 0,85. Merkwürdig schlanke Proportionen. Vielleicht aus späterer Zeit. Leipzig. Inv. 11. 88.

Nr. 231. Br. 1,76.

Nr. 233. Br. 1,73. Die für Ligurien und Südfrankreich typische, alle Flächen bedeckende, verhältnismäßig flache Schnitzerei auch bei Nr. 222, 258 u. 267. (Bode a. a. O., S. 43).

Nr. 235,6. Über Stollenschränke vergl. S. XVI 1. — Sie kommen ganz selten auf oberitalienischen Bildern vor, sind demnach hier bekannt, aber nicht gebräuchlich gewesen.

Nr. 239. Intarsien: palmettenähnliche Formen. Einzigartige Möbelform in dieser Zeit. (Bode, S. 25).

Nr. 242. H. 2,00. Wohl Küchenmöbel der Barockzeit.

Nr. 243. Soll aus Brescia stammen. (Bode, S. 17).

Nr. 244. Nußholz. H. 1,82 Br. 1,33 T. 0,62. Inv. Nr. 11—'89.

Nr. 245. H. 2,02 Br. 1,88. (Stegmann, S. 153).

Nr. 247. Nußholz. H. 17³/₄ in. Br. 4 ft. 7¹/₄ in. Nr. 18 —'91.

Nr. 248. Nußholz. H. 2 ft 10¹/₂ in. Br. 2 ft 3¹/₂ in. T. 2 ft 1 in. Nr. 58 —'92.

Nr. 249. Nußholz. H. 2,21 Br. 1,18 T. 0,41. Schnitzereien z. T. vergoldet. Im geteilten Giebel Allianzwappen der Piccolomini-Patrizi. Ein kleines Schubfach im Aufsatz und Geheimfach hinter dem hochzuklappenden Metopen- und Triglyphenfries. (Mitteilungen aus dem Leipziger Kunstgewerbe-Museum, 2. IV. 1912). Inv. Nr. 11. 86.

Nr. 250. Fichtenholz. H. 2 ft 1 in. Br. 18 ft 6 in. Aus Venedig, Palazzo Bensi Ceccini. 8441 —'63.

Nr. 251. H. 1,08 Br. 0,80 T. 0,36.

Nr. 252. H. 2,27 Br. 1,11. Die Schnitzereien vergoldet auf blauem Grund. Im Fries hebräische Inschrift. Aus Reggio (Provinz Emilia), das nach 1500 stark von Venedig beeinflußt war. (Bode: Hausmöbel, 1. Aufl., S. 72 und Bardini, 1902, Nr. 579).

Nr. 254. Nußholz. H. 2,47 Br. 1,14 T. 0,46. Das Papstabzeichen mit dem Buoncompagni-Wappen weist als Besteller und ersten Besitzer Gregor XIII. (1572 —'83) nach, der durch die Einführung des gregorianischen Kalenders bekannt ist. (Bardini, 1902, Nr. 582).

Nr. 256. H. 1,77 Br. 1,31 T. 0,53. Soll aus Brescia stammen. (Bode a. a. O., S. 17). Das Rosettenmotiv in den Füllungen kommt auch an einer kleineren Kredenz in Palazzo Davanzati (hier Nr. 56), das schmale Rosettenband öfters an toskanischen Möbeln (hier Nr. 208 u. 211) vor. (Lessing, 14, Taf. 2),

Nr. 257. Nußholz. H. 2,42 Br. 1,70 T. 0,62. (Bardini, 1902. Nr. 580).

Nr. 259—261. Nußholz. H. 2 ft 8 in. Br. 4 ft 4³/₄ in. T. 1 ft 5¹/₂ in. Intarsien aus gefärbten Hölzern: Außen Landschaften und Schlachtszene. Innen Stilleben, Ornamente und flatternde Bänder mit lateinischen Sprüchen. Nach Bode (a. a. O., S. 36) aufgefunden in Costozza und nach den Impresen vom Ausgang des 15. Jahrhunderts aus dem Besitz der Gonzaga von Mantua. Nach Angabe des V. u. A. Mus. soll das Möbel Karl V. gehört haben. (Ein Schreibschrank mit ähnlicher Inneneinrichtung bei Bardini, 1902, Nr. 578).

Nr. 263. Nußholz. H. 1,67 Br. 1,13 T. 0,41. Ornamente z. T. vergoldet. Hinter der Klappe Schubläden und kleine durch Türen verschlossene Fächer. Stammt aus Faenza oder einem Nachbarort in den Marken; aber von einem Florentiner oder unter dessen unmittelbarem Einfluß geschaffen. (Bode, S. 40 u. Lessing, 14, Taf. 1).

Nr. 264. Nußholz. H. 1,82 Br. 1,42. Reich verzierte Schubfächer hinter der Platte. Dem Wappen nach für einen Kardinal Farnese, wahrscheinlich den 1534 zum Papst gewählten Paul III., gearbeitet. Bei Bardini, 1902, Nr. 574 Bernardo Tasso zugeschrieben. Die Ornamente erinnern an B. Cellini. (Bode, S. 46).

Nr. 265. Nußholz. H. 2,09 Br. 1,40 T. 0,62. (Bardini, 1902, Nr. 581).

Nr. 267. Nußholz. H. 5 ft 6 in. Br. 3 ft 9 in. T. 1 ft 3 in. Jacopo di Canova zugeschrieben. (Bode, S. 43). Nr. 308 —'67.

Nr. 268. Nußholz. H. 1,90 Br. 1,23. Zweiteilig. 4 Handgriffe an den Seiten. (Bardini, 1902, Nr. 575).

Nr. 269. Nußholz. Hellbraun gebeizt. H. 0,30 Br. 1,74 T. 0,24. Die Schnitzerei vergoldet. Das Wappen: Fünfmal mit Zinnen schräg rechts geteilt von rot und dunkelblau — nicht festgestellt. Nr. I E 49.

Nr. 270. Nußholz. Rötlichbraun gebeizt. H. 2,48 Br. 2,04 T. 0,62. Schnitzereien und Profile z. T. vergoldet. Vielleicht ursprünglich oben offen, d. h. ohne die schmalen Rahmen, die einst Drahtgitter, jetzt Glasscheiben festhalten. Nr. I E 79.

Nr. 271. Die Grotesken-Malereien aus Sodomas Werkstatt oder von einem ihm nahestehenden Künstler (Beccafumi?) und mehr noch die Inschrift in Kapitalen: Non baccho sed gravido mart... deuten auf die ursprüngliche Verwendung als Waffenschrank hin.

Nr. 273. Malerei in der Art des Bernardo Daddi: Am Kopfstück Madonna mit verehrendem Heiligen, am Fußende Madonna mit kniendem Stifter. Beide Male oben ein Streifen mit Schrift (Fürbitten) und das Datum 1337. (Schubring, S. 228 u. Nr. 43).

Nr. 280. H. 0,175 Br. 0,19 T. 0,12. Tischler-Modell oder (wahrscheinlicher) aus einer Weihnachtskrippe. (Stegmann, S. 168).

Nr. 281. Entstehungszeit unsicher.

Nr. 282. Wandtisch mit zusammenlegbaren Füßen. (Bode a. a. O., S. 14).

Nr. 284. Br. 1,05.

Nr. 285. Br. 0,66.

Nr. 286. Br. 2,00.

Nr. 287. Br. 2,77.

Nr. 288. Br. 2,93.

Nr. 291. Nußholz. H. 0,815 Br. 1,67 T. 0,69.

Nr. 292. Nußholz. H. 0,81 Br. 1,67 T. 0,69. Aus dem Refektorium des Franziskaner-Klosters in Cori (Volskergebirge bei Rom). Erworben mit einem zweiten Tisch von gleicher Form, dem Renaissancegetäfel und der Tür des Raumes (Mitteilungen des Städt. Kunstgew.-Mus. zu Leipzig, 2. April 1912, S. 16 u. L'Arte, 1909, S. 297).

Nr. 296. Vergl. hier Nr. 371.

Nr. 297. Nußholz. Braun gebeizt. H. 0,79 Br. u. T. der Platte 2,90 u. 0,74. Ein Gegenstück von gleicher Form und Größe a. dems. O. Nr. I E 253.

Nr. 298. Nußholz. Braun gebeizt. H. 0,89 Br. u. T. der Platte 4,79 u. 1,11. Das Wappen kommt in verschiedenen Farben häufig vor, so als das der Trevisani in Venedig. Nr. I E 30.

Nr. 300. Br. der Platte 3,42.

Nr. 301/02. Nußholz. H. 0,88 Br. u. T. der Platte 3,04 u. 1,07. Bardini, 1902, Nr. 610 u. 609.

Nr. 303/04. Nußholz. Dunkelbraun gebeizt. H. 0,865 L. u. Br. der Platte 5,69 u. 1,13. Sogenannter Sansovino-Stil. Stammt aus Padua. Nr. I E 330.

Nr. 311. Nußholz. H. 0,84 Br. u. T. der Platte 1,26 u. 0,73. (Bardini, 1902, Nr. 608).

Nr. 312. Aus Palazzo Torrigiani in Florenz. Sehr ähnlicher Tisch mit derberen Balustern (Bardini, 1902, Nr. 606) als Lyon 16. Jahrhundert.

Nr. 313. Nußholz. Hellbraun gebeizt. H. 0,925 Br. u. T. der Platte 1,50 u. 0,88. Bardini 1902, Nr. 607.

Nr. 314. Br. der Platte 2,95. Aus Siena, Palazzo Palmieri; dessen Wappen an den Standbrettern. (Bode, S. 24—25).

Nr. 315. Br. der Platte 3,25.

Nr. 319. Br. der Platte 0,90.

Nr. 320. Nußholz. H. 0,91 Br. u. T. der Platte 2,67 u. 0,94. (Bardini, 1999, Nr. 413).

Nr. 321. Nußholz. H. 0,83 Br. u. T. der Platte 3,00 u. 1,07. (Bardini, 1899, Nr. 412).

Nr. 322. H. 0,79 Br. u. T. der Platte 2,63 u. 0,82. Sogenannter Modeneser Typus.

Nr. 337. Nußholz. Schwarzbraun gebeizt. H. 0,865 Dm. der Platte 1,15. Nr. I E 334.

Nr. 338. Nußholz. Schwarzbraun gebeizt. H. 0,905 Dm. der Platte 1,30. Nr. I E 335.

Nr. 339. Nußholz. Hellbraun gebeizt. H. 0,87 Br. u. T. der

Platte 1,06 u. 0,47. Schnitzerei und Profile z. T. vergoldet. Stammt aus dem Friaul. Nr. I E 258.

Nr. 340. Nußholz. Braun gebeizt. H. 0,78 Dm. der Platte 1,10. Nr. I E 333.

Nr. 341. Die zu kleine Platte ist wahrscheinlich spätere Ergänzung.

Nr. 343. Nußholz. Dunkelbraun gebeizt. H. 0,83 Dm. der Platte 1,11. Nr. I E 332.

Nr. 344. Nußholz. Dunkelbraun gebeizt. H. 0,78 Dm. der Platte 1,30. Nr. I E 331.

Nr. 347. Nußholz. H. 2 ft 9 ½ in. Dm. 4 ft 7 ¼ in. Intarsien aus Sykomorenholz: In den ovalen Feldern Kardinaltugenden und antike Gottheiten. Nr. 102—'69.

Nr. 348. Nußholz. H. 0,81 Dm. 1,31. (Stegmann S. 158/9).

Nr. 352. Nußholz. H. 0,845 Dm. der Platte 0,95. (Bardini, 1902, Nr. 587).

Nr. 353. Nußholz. H. 0,93 Dm. der Platte 0,83. (Bardini, 1902, Nr. 585).

Nr. 354. Nußholz. Braun gebeizt. H. 0,87 Dm. der Platte 1,06. Nr. I E 228.

Nr. 355. Nußholz. Braun gebeizt. H. 0,89 Dm. der Platte 1,14. Nr. I E 329.

Nr. 356. Nußholz. Hellbraun gebeizt. H. 0,84 Dm. der Platte 0,77. Gegenstück von gleicher Form und Größe vorhanden. Nr. I E 239.

Nr. 357. Nußholz. Hellbraun gebeizt. H. 0,85 Dm. der Platte 1,40. Schnitzerei und Profile z. T. vergoldet. Nr. I E 336.

Nr. 361. H. 1,34 Dm. 0,84. Z. T. ergänzt.

Nr. 362. Dm. 1,89.

Nr. 367. Br. 1,28.

Nr. 368 u. 369. Entstehungszeit unsicher.

Nr. 370. (Bode a. a. O. S. 41).

Nr. 371. Vergl. hier Abb. 208 u. 296.

Nr. 372. H. 1,10 u. 1,08 Br. 0,65. Nach der Dekoration um 1450; nach der altertümlichen, derben Gestaltung aus abgelegener Gegend, wahrscheinlich der venezianischen Terraferma, der eine vielleicht aus der Romagna. (Bode, S. 35, Stegmann, S. 572—573).

Nr. 373. An der Lehne Flachrelief: Herkules.

Nr. 374. An der Lehne Wappen der Sforza in Mailand.

Nr. 375. Nußholz. H. 1,05 Br. u. T. in Sitzhöhe 0,305 u. 0,435. Feine Beineinlagen an der Lehne: Vase mit langgestielten Blättern. (Beckerath, Nr. 228).

Nr. 376. Nußholz. H. 1,04 Br. 0,32 T 0,42.

Nr. 377. Nußholz. H. 1,02. (Bardini, 1902, Nr. 591).

Nr. 378. H. 1,49 Br. 0,28.

Nr. 380 u. 382. H. 1,56 Br. 0,42. Die Rückseite des leicht vergoldeten Rundreliefs zeigt das Strozzi-Wappen, die Vorderseite ist eine vergrößerte Wiederholung vom Revers der Medaille Niccolò Fiorentinos auf Filippo di Matteo Strozzi (1428—1492), der seit 1489 durch Giuliano da Maiano den berühmten Familienpalast erbauen ließ. Der Stuhl könnte aus der Werkstatt desselben Meisters stammen. Von Dr. Figdor aus Palazzo Strozzi erworben. (Stegmann, S. 576—577).

Nr. 384. Beide Stühle Nußholz. H. 3 ft 4 ½ in. Br. 15 in., der links z. T. vergoldet und in der überreichen Verzierung und unzweckmäßigen Form der Lehne schon unter dem Zeichen künstlerischen Niedergangs. Nr. 7182—'60 u. 7199—'60.

Nr. 385. Nußholz. Dunkelrotbraun gebeizt. H. 1,04 Br. u. T. in Sitzhöhe 0,32 u. 0,42.

Nr. 387. Ein fast übereinstimmendes Stück in London, V. u. A. Museum, abgebildet bei Bode, 1. Aufl., S. 21.

Nr. 388. Nußholz. H. 0,88, 1,10 u. 1,06. (Bardini 1902 Nr. 588—590).

248

Nr. 389 90. Beispiele sehr verschiedenartiger Schemel mit Lehne, die z. T. schon dem 17. Jahrhundert angehören.

Nr. 395. H. 0,98 Br. 0,64.

Nr. 398. Im Museo S. Marco gilt dieser Stuhl aus alter, unbewiesener Tradition als Stuhl Savonarolas; und deshalb führt der Typus ohne stichhaltigen Grund seinen Namen.

Nr. 405. H. 0,75 Br. 0,65. Nach Stegmann (S. 588) spanisch.

Nr. 409. H. 0,69 Br. 0,45 T. 0,34.

Nr. 410. Nicht im Schloß-Museum in Berlin.

Nr. 412 u. 413. H. 1,04 Br. 0,50 u. H. 1,01 Br. 0,47. (Stegmann, S. 587).

Nr. 432. Nußholz. Dunkelbraun gebeizt. H. 1,27 Br. u. T. am Sitz 0,61 u. 0,42. Wappen der Avallon aus Genua. Soll aus Rhodos stammen. Nr. I E 124.

Nr. 433. Nußholz. Hellbraun gebeizt. H. 1,25 Br. u. T. am Sitz 0,62 u. 0,45. Nr. I E 342.

Nr. 434. Nußholz. H. 1,22 Br. u. T. in Sitzhöhe 0,59 u. 0,43. Borten einst dunkelgrün, heute verschossen. Leder dunkelbraun.

Nr. 435. Nußholz. Dunkelbraun gebeizt. H. 1,24 Br. u. T. am Sitz 0,64 u. 0,55. Das gepreßte Leder mit dem Wappen der Fassati di Casale (nach Warburg) dürfte ursprünglich heller gewesen sein; die Fransen sind dunkelrot. Nr. I E 69.

Nr. 441. Nußholz. Dunkelbraun gebeizt. H. 1,23 Br. u. T. in Sitzhöhe 0,62 u. 0,50.

Nr. 442. H. 1,29 Br. 0,64. Der Lederbezug an der Rückenlehne deutsch, 17. Jahrhundert. In der Mitte Pinienzapfen, das Wahrzeichen von Augsburg. (Stegmann, S. 587).

Nr. 443. H. 1,13 Br. 0,45. (Stegmann, S. 583).

Nr. 444. H. 1,33 Br. 0,59. Nach Stegmann (S. 585/6). 16. Jahrhundert.

Nr. 448. Faldistorium (vergl. hier S. XXVII r.). Nußholz. H. 0,74 Br. 0,73. Z. T. vergoldet. In kirchlichem Gebrauch bleibt dieser Typus des Klappschemels bis ins 17. Jahrhundert hinein häufig. (Stegmann, S. 571 u. 582/3).

Nr. 449. H. 0,59 Br. 0,64. (Stegmann, S. 568 u. 581).

Nr. 456. Ligurisch oder wahrscheinlicher französisch. Nußholz. Dunkelbraun gebeizt. H. 1,70 Br. 0,81 T. 0,52.

Nr. 457. Aus der Wohnung der Äbtissin Donna Giovanna Piacenzi im Nonnenkloster S. Paolo zu Parma; (vergl. hier S. XV/XVI).

Nr. 458. Hellgebeizt. H. 1,77 Br. 0,56 T. 0,46.

Nr. 459. Lesepult. H. 1,55. Schemel. H. 1,03.

Nr. 460. Nußholz. H. 1,90. Z. T. vergoldet. Unten Wappen der Gianfigliazzi di parte Guelfa (Florenz). Auf dem Pult eingelegt (in Kapitalen): Asperamontis mirandule fecit. (Bardini, 1902, Nr. 586).

Nr. 461. Nußholz. H. 1,26 Br. u. T. oben 0,335 u. 0,32 T. unten 0,51. Z. T. vergoldet. In Einzelheiten verändert kommt dieser Typus sehr häufig in Handel und Sammlungen und gelegentlich in Kirchen (so S. Carlo al Corso in Rom) vor. (Bode a. a. O., S. 18). Nr. I E 195.

Nr. 462. Nußholz. Lichtbraun gebeizt. H. 1,40 Br. 0,50. Z. T. vergoldet. Lederne, vergoldete und mit Fruchtornamenten bemalte Pultdecke. Nr. I E 211.

Nr. 463. H. 1,14 Br. u. T. oben 0,395 unten 0,50 u. 0,47. Am kastenartigen Oberteil und unten vorn gemalte Grisaillen. Dazwischen vorn Grotesken in lichten natürlichen Farben. Die Rosette, die den Querstab festhält, plastisch und vergoldet. Hinten hell marmoriert. Nr. I E 370.

Nr. 464. Nußholz. Braun gebeizt. H. 1,29 Br. u. T. oben 0,275 unten 0,37. Die oberste Platte (H. 2 cm) modern, ursprüngliche Br. u. T. oben 0,21. Nr. I E 348.

Nr. 465. Nußholz. Hellbraun gebeizt. H. 1,43 Br. 0,45 T. 0,39. Ein Gegenstück mit anderer Fratze vorhanden. Nr. I E 112.

Nr. 466. H. 1,32 Br. u. T. oben 0,29 u. 0,24, Br. unten 0,34.

Vergoldet; eingeritztes Rankenmuster auf gepunztem Grund und aufgemaltes Wappen. Das Feld an der Front schranktürartig zu öffnen. Nr. I E 347.

Nr. 467. H. 0,79. Vergoldet. Am dreieckigen Sockel drei figürliche Reliefs. Aus Urbino. (Schottmüller, Amtl. Berichte, XXXVIII. [1916/7] S. 120/1).

Nr. 469. Nußholz. H. 0,89.

Nr. 470. H. 5 ft 5 ½ in. Br. u. T. des Sockels 15 in. Vergoldet. Nr. I a—'90.

Nr. 472. Links: Nußholz. Braun gebeizt. H. 0,43 Br. 0,72 T. 0,41. Z. T. vergoldet. Rechts: Vergoldet. H. 0,47 Br. 0,62 T. 0,37. War ursprünglich die Kuppel eines kleinen Tabernakels. Nr. I E 213 u. 214.

Nr. 473. Dunkelbraun gebeizt und z. T. vergoldet. Links: Grundriß halbiertes Achteck. H. 0,19 Br. 0,335 T. 0,19. Rechts: Grundriß halbkreisförmig. H. 0,18 Br. 0,275 T. 0,125. Nr. I E 215.

Nr. 474. H. 0,185 Br. 0,33 T. 0,15. Vergoldet und dunkelmarmoriert in Malerei. Nr. I E 343.

Nr. 475. H. 0,185 Br. 0,33 T. 0,15. Vergoldet. In der Mitte eine Porphyrplatte eingelassen. Nr. I E 373.

Nr. 478. Häufig vorkommende für Bologna (17. Jahrhundert) typische Form.

Nr. 479. Links: H. 1,28. Z. T. vergoldet (vergl. hier Nr. 461). Mitte: Nußholz. H. 1,27. Seltener Typus. Rechts: Nußholz. H. 1,30. (Bardini 1902, Nr. 596, 597 und 599).

Nr. 481. H. 0,85 Br. 0,68. Geschnitzt und vergoldet. (Beckerath, Nr. 1048).

Nr. 482. Nußholz. H. 2 ft 7 in. Nr. 7695—'61.

Nr. 483/4. Vergl. hier Nr. 154/5.

Nr. 485. Nußholz. H. 22 ⅞ in. Bemalt, vergoldet und mit Perlmutter-Einlagen. Nr. 506—'97.

Nr. 486. Nußholz. Dm. 1 ft 7 in. Z. T. vergoldet. Zwischen dem Rankenwerk, Engel, Skelett, Tiersymbole von Tugend und Laster und in verstreuten Buchstaben die Worte: bonum und malum; außerdem Y, das nach Pythagoras Symbol des menschlichen Lebens. Das vergoldete Bronzerelief: Madonna mit Engeln war ursprünglich mit der Rückseite nach vorn eingefügt, daß seine glatte Fläche den Spiegel vertrat. (John Hunderford Pollen: Ancient a. modern furniture i. the S. Kens. Mus. London, 1874, S. 185/7. Nr. 7694—'61).

Nr. 487. Nußholz. H. 2 ft 9 in. Br. 2 ft 4 ½ in. Antonio Barili u. s. Neffen Giovanni zugeschrieben. Nr. 926—'00.

Nr. 488. Nußholz. H. 0,31 Br. 1,33. Z. T. vergoldet. (Lessing, 14, Taf. 13).

Nr. 489. Der vergoldete Rahmen ist für das Bild (Dm. 1,18) wahrscheinlich von Michelangelo selbst entworfen worden anläßlich der Hochzeit des Angelo Doni mit Maddalena Strozzi (1503 oder Anfang 1504), deren beider Familienwappen angebracht sind. Man beachte, wie die Fünfteilung des Rahmens die Komposition des Gemäldes betont. (Bock, E., Florentinische und venezianische Bilderrahmen S. 78/80 und Thode, Michelangelo, Krit. Untersuchg. I, S. 118).

Nr. 490. H. 0,60 Br. 0,325. Vergoldet und bemalt. Aus gleicher Zeit und wahrscheinlich zusammengehörig mit dem Relief (Stuckabguß nach Wachsmodell von Ghiberti: Madonna mit Engeln), obwohl auf jenem eine spätgotische Nische dargestellt ist, während der Rahmen schon derbe, unbeholfene Renaissanceformen zeigt.

Nr. 492. H. 0,98 Br. 0,645. Vergoldet. An der inneren oben halbrunden Leiste goldene Arabesken auf dunkelblauem Grunde. Das Relief (V 332) — auch lombardisch nach 1500 — ursprünglich nicht zugehörig.

Nr. 493. Nußholz. Braun gebeizt. H. 0,47 Br. 0,38. Das Marmorrelief von Ag. Busti gen. Bambaia (V, 336) ursprünglich nicht dazu gehörig.

Nr. 494. H. 0,91 Br. 0,51. Vergoldete Schnitzerei, z. T. auf blauem Grund. Oben Inschrift, unten Wappen. Statt des Gemäldes aus der Verrocchio-Werkstatt (Nr. 80) ursprünglich hier Brustbild Christi (Beckerath, Nr. 320).

Nr. 495. H. 0,625 Br. 0,48. Vergoldet. Das Relief (florentinisch um 1460, V., 160) ursprünglich nicht dazu gehörig.

Nr. 496. H. 0,73 Br. 0,385. Grund blau. Schnitzereien weißlich bemalt oder vergoldet. Das Gemälde von Buonsigli (Nr. 137 A) ursprünglich nicht dazu gehörig.

Nr. 497. Nußholz. Braun gebeizt. H. 0,52 Br. 0,41. Z. T. vergoldet. Die Maskenschnitzerei rechts war einst der Handgriff des hölzernen Schutzdeckels. (Vergl. hier S. XXX l. l.) Das Bild von Pesellino (Nr. 1651) ursprünglich nicht dazu gehörig.

Nr. 498. Nußholz. H. 0,91 Br. 0,58. Z. T. vergoldet. Die Maskenschnitzerei rechts wie bei Nr. 497. Die Malerei ursprünglich nicht dazu gehörig. (Beckerath Nr. 1039).

Nr. 499. H. 2,62 Br. 1,30. Die Schnitzerei vergoldet, die glatten Flächen bemalt auf blauem Grund. An der Konsole das Wappen der Ruccelai. Das Relief von Donatello (um 1450 bis V, 38) ursprünglich nicht dazugehörig.

Nr. 501. Spiegelrahmen. H. 0,312 Br. 0,142. Nach Guggenheim (Cornice italiane, Taf. 77) „toskanisch, 1. Hälfte des 16. Jahrhunderts." Die Datierung ist aber zu früh.

Nr. 506. Nußholz. Braun gebeizt. H. 0,56 Br. 0,425. Perlschnüre vergoldet. Das Gemälde von Geertgen tot Sint Jans (Nr. 1631) ursprünglich nicht dazu gehörig.

Nr. 507. H. 0,92 Br. 0,71. Vergoldet und blau bemalt. Das Gemälde von Verrocchio (Nr. 104 A) ursprünglich nicht dazu gehörig.

Nr. 508. H. 0,38 Br. 0,33. Schnitzerei vergoldet; innen gemalte goldene Arabesken auf schwarz-blauem Grunde. Das Gemälde von Antonello da Messina (Nr. 18) ursprünglich nicht dazu gehörig.

Nr. 509. H. 0,61 Br. 0,535. Malerei: Goldene Ranken mit Vögeln und Fabelwesen mit wenig rot, blau und braun auf schwarzem Grund. Das Gemälde von Dürer (Nr. 557 G.) ursprünglich nicht dazu gehörig, aber wie der Rahmen um 1506 in Venedig entstanden.

Nr. 511. H. 0,76 Br. 0,37.

Nr. 512. H. 0,94 Br. 0,69. Für kirchliche Zwecke bestimmt. Stegmann a. a. O., S. 620 u. 626.

Nr. 513. H. 1,71 Br. 1,53. Vergoldet. Etwa gleichzeitig oder wenig jünger wie das Relief von Jac. Sansovino (V, 394).

Nr. 515. Nußholz. H. 2,63 Br. jedes Flügels 0,655. Intarsien in braun, gelb und schwarz. Soll aus der Badia Fiesolana stammen (vergl. hier S. XV r.). Dafür spricht auch das Motiv des Ringes mit spitzem Stein, der Impresa der Medici, die die Badia ausbauen ließen. Von Giuliano da Maiano und Francione, denen 1461/2 Türen, Bänke, Schränke und Decken des Klosters in Auftrag gegeben wurden, mindestens ein Jahrzehnt vor der Dante-Petrarca-Tür (Nr. 516) gearbeitet. Der Entwurf könnte von Baldovinetti sein. (Fabriczy, Jahrbuch XXIV, Beiheft S. 138 und Schottmüller, Amtl. Berichte XXXIX [1918], S. 80 ff). Nr. I E 193.

Nr. 516. Oben Dante und Petrarca, unten Fächer mit Büchern; auf den Rückseiten (in der Sala dell' Udienza) oben halbgeöffnete, perspektivisch verkürzte Holzgitter, unten Vasen mit Lilien — ähnlich denen hier Nr. 515. — Die beiderseitige marmorne Umrahmung ist von Giulianos jüngerem Bruder Benedetto da Maiano gleichzeitig (zwischen 1475 u. 1481) gearbeitet worden. Die figürlichen Intarsien wahrscheinlich nach Entwurf eines Malers (Ghirlandaio ?). (Baum, a. a. O., S. 165 und Geymüller, Bd. 4, S. 1. ff.).

Nr. 519. Nach Cicerone (S. 226 f.) vielleicht von Giovanni di Michele. Vergl. auch hier Nr. 528.

19

Nr. 520. Aus dem Convento del Bosco bei Alessandria. Die Tür kann ganz oder nur das kleinere Mittelstück geöffnet werden.

Nr. 521. B. T. (auch Bernardino Torelli oder Tortelli genannt), aus Brescia gebürtig, hat 1518 das Chorgestühl der Unterkirche in Monte Cassino gearbeitet, und nach Finocchietti (a. a. O., S. 104 u. 145—147) auch den Chorschmuck der Benediktinerkirche S. Martino zu Palermo, den Burckhardt (S. 234 d) dem Sciopio di Guidi (1591—1597) zuschreibt.

Nr. 523. H. 2,90 Br. 1,49. Einst mit einem etwas früheren Genueser Georgsportal im italienischen Kunsthandel.

Nr. 526. Nußholz mit Einlagen von gelbem Fichtenholz. H. 1,90 Br. 0,87. Tür einer Sakristei. Abb. der Rückseite bei Lessing, 15, Taf. 5.

Nr. 527. Nußholz. Oben durchbrochen.

Nr. 528. Fries über der Tür (Mittel-Italien um 1475), grauer Kalkstein, H. 0,19 Br. 1,66. Türumrahmung modern. Türflügel Nußholz; die Felder hell, die Türfläche licht braun gebeizt. H. 2,25 Br. 1,10. Die Intarsiafriese schwarz und hellgelb. Nach der Stilverwandtschaft mit einer Sakristeipforte in Loreto von 1481, die — urkundlich gesichert — von Giuliano da Maiano ist, diesem Meister zugeschrieben. Soll aus dem Palazzo Ducale in Gubbio stammen. (Schottmüller, Amtl. Berichte, XXXIX [1918], S. 85).

Nr. 529. Charakteristisch für die Türumrahmungen in den Montefeltro-Palästen Urbino und Gubbio ist der doppelte Ornamentfries oben (vergl. hier Abb. 552—554). Das Motiv der geflügelten Ampel im Kranz kommt auch an einer Truhe in Gubbio (Pinacoteca communale) vor.

Nr. 530/1. Grauer Kalkstein. H. 4,10 Br. 2,43. Auch an den Rückseiten ornamentale Reliefs, aber die der Front reicher und sorgfältiger gearbeitet. In den Pilastern von Nr. 530 das Familienwappen: ein gepanzerter Arm hält einen Morgenstern. Nr. I E 21.

Nr. 532. Pietra di Lavagno (Grauer Kalkstein). H. 3,95 Br. 2,04. Krone und 4 Wappen absichtlich zerstört. S. Georg, der Schutzheilige von Genua, im Kampf mit dem Drachen, kommt in altertümlicher oder freierer Darstellung häufig an Genueser Portalen vor. Nr. I E 12.

Nr. 533. Pietra serena. H. 5,18 Br. 3,18. Die Büste (florentinisch um 1590, Kat. Nr. V, 281) ursprünglich nicht dazu gehörig.

Nr. 534. Pietra d'Istria (Kalkstein) und schwarz gefleckter Marmor. H. 5,14 Br. 4,04. Nr. I E 68.

Nr. 535. Rötlicher, schwarzer und gelblichgrauer Veroneser Kalkstein. Ges.-H. 4,75 Br. 2,58. Soll mit dem gleichen Gegenstück aus Verona stammen. A. Alessi zugeschrieben.

Nr. 536. Weißer und buntgeäderter Marmor. H. 2,84 Br. 1,48 In der Lünette das Wappen der Trevisani (geteiltes Schild, oben nach links schreitender Löwe). Stammt aus der jetzt zerstörten Servitenkirche in Venedig (Bode-Tschudi, Beschreibung d. Bildw. d. chr. Epochen, Nr. 238). J. 294.

Nr. 537. Kalkstein und weiß-schwarzer Marmor. H. 3,50 Br. 1,83 T. 0,64. Ähnlicher Brunnen in der Accademia in Venedig. Nr. I E 7.

Nr. 540. Pietra serena (Grünlicher Sandstein). H. 2,48 Br. 2,50 ohne die zurückspringenden, modernen Seitenteile. Über dem zerstörten Wappen eine Bischofsmütze. Die Kaminplatte mit Prometheusdarstellung und die Kaminböcke aus dem 17. Jahrhundert.

Nr. 541. Istrischer Kalkstein. H. 2,30 Br. des Mittelteils 2,93. Die zurücktretenden seitlichen Teile ergänzt. Kaminplatte (Phönix aus den Flammen steigend) ursprünglich nicht dazugehörig. Stammt aus Venedig, Palazzo Foscari. Nr. I 289.

Nr. 542. Pietra serena. H. 8 ft 6 in. Br. 12 ft. Das Wappen gilt für das der Boni oder Acciaioli in Florenz. Stammt aus einer Villa nahe der Kirche S. Lorenzo zwischen S. Miniato und Arcetri bei Florenz. Früher Donatello zugeschrieben. (Robinson, S. 22, Nr. 5896).

Nr. 543. Vergl. hier Abb. 47.

Nr. 545. Pietra serena. Palazzo Gondi ist 1490–94 von Giul. da Sangallo erbaut, dieser Kamin von ihm nach Gottschewsky (Vasari, VII, 1, S. 54/5) erst 1498 geschaffen worden. Als Gegensatz zum Feuer stellte man damals gern an Kaminen Alegorien oder Gottheiten des Wassers dar. Als Bekrönung rechts und links Statuetten von Herkules und Simson (fehlen hier).

Nr. 546. Ursprünglich im Hause des Pier Francesco Borgherini in Florenz. Nach Vasari (VII, 1, S. 114) ein Frühwerk Ben. s da Rovezzano. Ein Original-Entwurf mit z.T. anderem Aufbau in den Uffizien (Handzeichnungen Nr. 663). Ein ähnlicher Aufbau, aber bereichert durch kleine seitliche Brunnen in München, Kupferstich-Kabinett (Abb. bei Geymüller, XI, S. 8). Über die Darstellung im Fries s. Poggi, Atene e Roma, VI, S. 282—291.

Nr. 552—554. Der Palast von Gubbio 1474—1482 von Luciano del Laurana erbaut und wie der ältere Palast der Montefeltro in Urbino von Domenico Rosselli und Ambrogio d'Antonio di Milano aufs reichste innen dekoriert. Die meisten dieser Ausstattungsstücke heute im Ausland. (Vergl. auch Abb. 528/9). Charakteristisch der doppelte Fries über den Türen. Im oberen in der Mitte das Wappen der Montefeltro und außerdem kehrt der Adler (das Wappentier) häufig wieder. Nr. 554 bildet Theobald Hoffmann (Bauten des Herzogs Federigo, S. 146) nach einer alten Zeichnung als einst in Gubbio befindlich ab.

Nr. 555. Kalkstein. H. 0,574 Br. 2,895. Etwas verwittert. Nr. I E 321.

Nr. 556. Kalkstein. H. 0,85 Br. 0,48. Wahrscheinlich Wappen der Pisani in Venedig. Nr. I E 373.

Nr. 557. Pietra serena. H. 0,43 Br. 0,29. Vergoldete Scheiben auf blauem Grunde. Ranken vergoldet. Kleine Grabplatte des Manetto di Piero Lamberti u. s. Söhne. Nr. I E 52.

Nr. 558. Marmor. H. 0,635 Br. 0,44. Wappen mehrerer Familien in Lucca, Bologna, Padua, sowie Stadtwappen von Perugia (hier das Wappen meist im Gegensinn). Nr. I E 25.

Nr. 559. Urbinatischer Kalkstein. H. 0,27 Br. 0,82. Randleiste unten ergänzt. (Schottmüller, Amtl. Berichte, XXXVIII, 1916/7, S. 124/5). K. F. M. V.

Nr. 560. Marmor. H. 0,56 Br. 0,52. Wappen der Familie Ariosti, die in Bologna, Rom, Ferrara u. a. O. vorkommt, sowie das der Rossi in Pistoia und Rom, der Carnago in Mailand und der Armaroli in Bologna.

Nr. 561. Holz. H. 0,45 Br. 0,84. Bis auf die weißen Seiten des Buches ganz vergoldet. Wohl einst Bekrönung einer Tür. (Schottmüller, Amtl. Berichte, XXXVIII, 1916 7, S. 117.) K. F. M. V.

Nr. 562. Sandstein. Dm. 0,79. Etwas verwittert.

Nr. 563. Pietra serena. H. 0,423 Br. 0,325. Grabplatte des Sandro Boni von der Wollmacherzunft.

Nr. 564. Kalkstein. H. 0,78 Br. 0,62 Lilie rot bemalt. Wappen der Mercanzia (= Handelsgericht) in Florenz. Nr. I E 16.

Nr. 565. Urbinatischer Kalkstein. H. 1,145 Dm. oben 0,30. Das Wappen — zweimal angebracht — dürfte nach Angabe

der Herren Prof. A. Warburg und Trummer (†) in Hamburg das des Maltheser Großmeisters Jean de l'Evêque de la Cassière († 1581) sein. Die Oberflächenbehandlung erklärt sich aus dem Material, das nach dem Brechen zuerst so weich ist, daß es mit Messern bearbeitet werden kann. Nr. I E 350.

Nr. 566. Urbinatischer Kalkstein. H. 0,75 Br. 0,265. Nr. I E 351.

Nr. 567. Istrischer Kalkstein. H. 0,96 Br. unten 0,30. Der Inschrift nach von einem Weihwasserbecken. (Schottmüller, Amtl. Berichte, XXXVIII, 1916/7, S. 123/4). K. F. M. V.

Nr. 568/9. Mit Seide und Goldfaden auf Seide gestickt. (Bardini, 1899, Nr. 231 u. 234).

Nr. 570. Roter Atlas, in Aufnäharbeit mit Goldfäden bestickt. H. 0,36 Br. 0,47. (Beckerath, Nr. 860).

Nr. 571. In Aufnäharbeit mit Seide und Goldfäden bestickt. (Bardini, 1899, Nr. 237).

Nr. 573—575. Auf der Mostra d'Arte Umbra Antica (1907) in Perugia war zum ersten Male eine größere Anzahl dieser derben Leinenwebereien (als Sammlung Mariano Rocchis in Rom) zu sehen, und bald danach wurden sie in italienischen Fachzeitschriften und Venturis Storia dell'Arte Italiana, V, S. 1075 als volkstümliche Industrie Perugias eingehend gewürdigt. Die meisten Muster stammen aus dem 15. Jahrhundert; etliche aus früherer Zeit. Die älteste Darstellung vom Anfang des 14. Jahrhunderts auf Giottos Hochzeit zu Cana in der Cappella dell'Arena zu Padua; ferner solche auf den Abendmahlsfresken von Fra Angelico in Florenz, S. Marco, Cosimo Rosselli in der Sixtinischen Kapelle zu Rom und Lionardos Abendmahl in Mailand. Eine weite Verbreitung ist danach gewiß. Beachtenswert die aus der Webetechnik erwachsene strenge Stilisierung der meist phantastischen Tiergestalten.

Nr. 577. Roter Sammet mit weißem Atlasmuster.

Nr. 578. Dunkelroter Damast (Atlas).

Nr. 579. Blauvioletter Sammet mit Muster in hellem Rips.

Nr. 580. Hohlstoff. Seide mit Wolle. Grund rot, Muster blau. Humiliatenorden.

Nr. 581. Sammet. Grund rot, Muster silber und gold. Nachbildung orientalischer Stoffe. (Kumsch, Stoffmuster des 16.—18. Jahrhunderts, Taf. 151).

Nr. 582. Sammet. Grund gold, Muster rot mit Goldösen. (Kumsch a. a. O., Taf. 151).

Nr. 583. Sammet mit vertieftem Granatmuster. Brandenburg. Dom. (Falke, O. v., Kunstgeschichte der Seidenweberei. Berlin, 1913. II, S. 103 und Abb. 504).

Nr. 584. Sammet. Grund gold. Muster rot und silber. Nachahmung orientalischer Stoffe. (Kumsch a. a. O., Taf. 152).

Nr. 586. Erste Hälfte des 16. Jahrhunderts. Seidenstoff mit Vasenmuster auf schraffiertem Grund. Zweifarbig. Charakteristisch für Florenz die edle Zeichnung und die mehr lineare, als koloristische erfundene Musterung. (Falke a. a. O., S. 121, Abb. 559).

Nr. 587/8. (Vergl. hier S. XII, I. 1).

Nr. 589. Bronze. H. 0,15 Br. 0,31 m. F. Goldschmidt: Die ital. Bronzen der Renaissance (Berlin 1914, Nr. 241).